Dr. Einhard Bezzel

Greifvögel

Foto S. 2/3 (Vorsatz): Wanderfalke bei
der Jagd
Foto S. 4/5: Mäusebussard
Foto S. 6/7: Fischadler
Foto S. 8/9 (diese Doppelseite):
Junge Turmfalken, eben flügge
geworden.

Inhalt

Dem scharfen Auge des Habichts auf seinem Ansitz scheint nichts zu entgehen.

Galerie gefiederter Jäger

Fast unwillig, so scheint es, schwingt sich ein Mäusebussard vom Pfosten des Weidezauns auf breiten Flügeln in die Luft. Im raschen Wirbel seiner flach schlagenden schmalen Schwingen steht ein Turmfalke wie angenagelt rüttelnd hoch über dem Acker, um kurz darauf seine Position um wenige Meter zu verändern. Zwei Eindrücke von Aussehen und Verhalten gefiederter Jäger, die auch der Bürger der so vielbeschworenen mobilen Gesellschaft noch mitbekommt, wenn er wenigstens einen flüchtigen Blick aus dem Auto- oder Zugfenster für die vorbeihuschende Landschaft übrig hat. Wer freilich Sperber oder Habicht, Milan oder Weihe begegnen möchte, muß sich schon etwas mehr Zeit nehmen und auch sein Glück ein bißchen herausfordern.

Viele gefiederte Jäger sind – allen Unkenrufen zum Trotz – aber doch noch nicht ganz so selten geworden, wie man sie üblicherweise zu Gesicht bekommt. Auch die größten unter ihnen, die Adler, jagen noch im dicht besiedelten Mitteleuropa, und mancherorts haben sich Greifvögel erstaunlich gut mit den heutigen Verhältnissen zurechtgefunden, seit der Mensch nicht mehr rücksichtslos alles bekämpft, was einen krummen Schnabel trägt.

Namen: Ausdruck von Klischees und biologischen Programmen

Als »Raubvögel« bezeichnete man seit alters jene Gefiederten, die im Vergleich zu ihrer eigenen Körper-

Ein typisches Kennzeichen der Greifvögel ist nicht nur der krumme Schnabel, sondern auch die helle Wachshaut (je nach Art gelblich, weißlich oder rötlich), die die Schnabelbasis überzieht und die äußere Nasenöffnung einfaßt. Der eben flügge Schwarzmilan hat noch dunkle Augen.

größe erstaunlich große, wehrhafte und flinke Beutetiere zur Strecke bringen können. Folgende subjektive Erfahrungen verliehen dem Begriff Inhalt und Symbolik: Bewunderung und Respekt vor Leistung, aber auch Furcht vor Unheimlichem und Besorgnis vor Übergriffen auf vermeintliche Rechte oder Besitz und nicht zuletzt Herausforderung von kühnen Gegnern oder mindestens Konkurrenten. Mit dem erst seit wenigen Jahrzehnten üblichen Sammelnamen »Greifvögel« versuchte man Feindbilder abzubauen und gefährlicher Symbolwirkung entgegenzusteuern – zum Schutz mittlerweile dem Menschen hoffnungslos unterlegener Geschöpfe der Natur.

*D*ie Faszination aber ist geblieben, die »stolze« Greifvögel offenbar auch auf jene ausüben, die sie kaum vom Hörensagen kennen. Und so formen falsche Bilder Klischees, denen sich die Menschen zu keiner Zeit entziehen konnten. Von

Runder Kopf und große dunkle Augen bestimmen das Falkengesicht; der stark gekrümmte Oberschnabel weist vor der Spitze eine zahnartige Ausbuchtung auf. Der Wanderfalke ist der größte bei uns brütende Falke.

Der »scharfe« Blick des Habicht-
weibchens. Die Augen werden durch
eine »Augenbraue« nach oben
geschützt. Nicht zuletzt seinem
Gesichtsausdruck hat es der
Habicht zu verdanken, daß er von
jeher als besonders »blutgieriger«
Raubvogel gilt.

Viel »sanfter« als das
Gesicht des Habichts wirkt
das Portrait des Mäuse-
bussards. Diesen Eindruck
erwecken das dunkle Auge,
der rundere Kopf und der
etwas schlankere Schnabel.

den Kampfzeichen römischer Legio-
nen bis zu Ordensinsignien, Uniform-
abzeichen oder Staatswappen unserer Tage hat der »mächtige« Adler seinen Platz behauptet, einfach oder
doppelköpfig, mit allerlei Symbolen
in den Fängen, oft zu heraldischem
Zierat verzerrt. Falken wurden zum
Sinnbild politischer »Hardliner« und
Starrköpfe. Todbringende Waffen-
systeme und allerlei kriegerisches
Fluggerät tragen Greifvogelnamen in
verschiedenen Sprachen der Welt;
die »Milan«-Raketen unserer Bundes-
wehr geben sich dabei noch am
wenigsten martialisch. Aber wahrscheinlich ist den Schöpfern und
Taufpaten des Projektils entgangen,
was schon Kronprinz Rudolph von
Österreich, ein großer Greifvogelken-
ner seiner Zeit, über den Milan be-
richtete: »Der Flug dieses Vogels ist
außerordentlich schön ... und es
darf wohl als ein Beweis seiner
Harmlosigkeit dienen, daß Vögel in
dem freundlichsten Verhältnis mit
ihm leben.« Wer sich nicht nur nebenbei an Aas und Abfall hält, wie
die Milane, hatte wohl nie Chancen
auf Wappen- und Waffenehre, trotz

13

beeindruckender Flugkünste: Die über dem verendenden Tier kreisenden mächtigen Geier wurden als Pleitegeier zum Symbol eines nahenden ökonomischen Untergangs. Sollten die geflügelten Aasverwerter, so wie in warmen Ländern Afrikas, Asiens und Südamerikas, als lebende Zeugen eines weisen biologischen Recyclings nicht endlich auch bei uns zu Ehren kommen?

*O*b mächtig oder gerissen, kühn oder hinterhältig, geschickte Jäger oder nur Leichenfledderer –

das gemeinsame Kennzeichen der Greifvögel ist neben dem gekrümmten Oberschnabel mit der nach unten gebogenen Reißhakenspitze auch der zupackende, meist mit ansehnlichen Krallen bewehrte Fuß, mit dem vom zierlichen Falken bis zum mächtigen Adler fast alle ihre Beute greifen.

Die ähnlich spezialisierten, doch überwiegend nachtaktiven Eulen hat man als Nachtgreife den tagaktiven Adlern, Bussarden und Falken häufig an die Seite gestellt. Doch die Zoologen sind da anderer Meinung: Eine Reihe von anatomischen und biologischen Eigentümlichkeiten sagt ihnen, daß Nacht- und Taggreife nicht

Tauben und taubengroße Vögel bilden die wichtigste Nahrung des Wanderfalken. Auf dem Boden an einem Platz mit weiter Rundsicht wird die erlegte Beute gerupft, ehe der Falke das Fleisch in kleinen Bissen aus dem Körper herausreißt.

Im Unterschied zum Wanderfalken rupft der Habicht seine Beute lieber in Deckung. Sein langer Schwanz und die kurzen Flügel weisen ihn als gewandten Flieger zwischen Bäumen und Büschen aus.

so eng miteinander verwandt sind, wie man nach Vergleichen von Aussehen und Ernährung meinen möchte. Äußere Ähnlichkeit, nicht zuletzt als Folge ähnlicher Lebensweise, verrät oft sehr wenig über die verborgenen Wege der Evolution aus gemeinsamen Vorfahren.

Das aber heißt noch lange nicht, sorgfältiges Beobachten könnte keine tiefergreifenden biologischen Unterschiede erkennen. Innerhalb der Greifvögel nämlich unterscheiden sich die Falken von der erstaunlichen Vielfalt der übrigen. Runder Kopf und relativ große dunkle Augen sowie eine zahnförmige Ausformung in der scharfen Kante des Oberschnabels, der sogenannte »Falkenzahn«, machen sie als einheitliche Gruppe für jedermann kenntlich. Die überwiegende Mehrzahl der schnittigen Falken ist Luftjäger; der schnelle, schlanke Baumfalke kann sogar Flugkünstlern wie Schwalben und Seglern gefährlich werden. Einige weitere biologische Eigentümlichkeiten sind zumindest allen mitteleuropäischen Falken gemeinsam: Sie bauen kein eigenes Nest und schießen auch ihren Kot nicht in weitem Bogen weg, so daß von Falken bewohnte Brutstätten meist an weißen Kotspritzern, dem »Schmelz« in der Falknersprache, kenntlich sind. Es lohnt sich, alten Krähen- und Elsternnestern etwas Aufmerksamkeit zu schenken, denn Baum- oder Turmfalken könnten sich als Nachmieter eingenistet haben. Den selte-

15

nen Wanderfalken trifft man dagegen meist an Felswänden, wo er sich häufig mit Uhu oder Kolkrabe um die besten Brutnischen prügeln muß.

*F*alken werden von den Taxonomen als eigene Familie oder sogar Ordnung den übrigen Greifvögeln gegenübergestellt, die man als Habichtartige zusammenfaßt und deren vielfältiges Artenspektrum vom kleinen wendigen Sperber bis zum wuchtigen Seeadler oder Gänsegeier reicht, die etwa 60mal so schwer werden wie ihre kleinsten europäischen Verwandten.

Alle Greifvögel leben von anderen Tieren; bei den meisten bestreiten Wirbeltiere den entscheidenden Teil der Ernährung, bei uns vor allem Vögel und Säugetiere von der Größe einer Maus oder eines Spatzen bis zu Wildgans oder Reiher und Reh- oder Gamskitz. Wenige Experten fangen Fische; in südlicheren Ländern lohnt sich auch die Jagd auf Reptilien, die dort viel häufiger sind.

Deshalb sind Greifvögel noch lange keine Räuber, spielen aber auch nicht jene Rolle der unersetzlichen Gesundheitspolizisten oder Regulatoren für die Bestände ihrer Beutetiere, in die sie von manchen ihrer wohlmeinenden Freunde immer wieder gedrängt werden. Sie gehen mit-

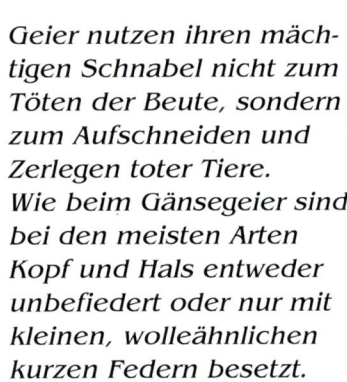

Geier nutzen ihren mächtigen Schnabel nicht zum Töten der Beute, sondern zum Aufschneiden und Zerlegen toter Tiere. Wie beim Gänsegeier sind bei den meisten Arten Kopf und Hals entweder unbefiedert oder nur mit kleinen, wolleähnlichen kurzen Federn besetzt.

So kommt man leicht in Verruf: Besonders im Winter sind für Mäusebussarde tote Tiere, die sie schon allein der Größe wegen nicht selbst erjagen können, eine willkommene Nahrungsquelle. Und so werden dem Mäusejäger immer wieder Schaden am Niederwild nachgesagt.

unter ihrer Natur gemäß grausam mit Opfern um und scheuen sich auch nicht, Tierarten, die uns aus manchen Gründen lieb und wert sind, empfindlich zu zehnten, wenn es die Umstände zulassen.

Ihre Überlegenheit stößt aber oft sehr rasch an Grenzen; sie müssen sich mit lebensbedrohenden Sachzwängen auseinandersetzen wie andere Tiere auch. Von jeher nicht annähernd so zahlreich wie ihre Beutetiere, bilden sie eine exklusive Minderheit, die besonders empfindlich auf Umweltänderungen reagiert.

Aber einmal ganz persönlich und – zugegeben – reichlich subjektiv gesehen: Die Galerie gefiederter Jäger hält Begegnungen und Erlebnisse bereit, die zu den schönsten und aufregendsten zählen, die uns die Natur bieten kann. Das allein lohnt bereits, sich für die Erhaltung ihrer Brutplätze und Jagdgründe einzusetzen und immer noch ewig gestrigen Zeitgenossen, die schönfärberisch von der Notwendigkeit »regulierender« Eingriffe in »Überpopulationen« von Greifvögeln reden, energisch entgegenzutreten.

17

Greifvögel beobachten im Jahreslauf

Über 285 verschiedene Greifvogel-arten kennt man weltweit; abgese-hen von den Polregionen und auf der Hochsee leben sie in allen Klima-zonen und Lebensräumen. Wüste wie Regenwald, Meeresküste wie Hoch-gebirge haben ihre gefiederten Jä-ger. In Europa brüten 36 Arten regel-mäßig, in Deutschland immerhin noch 16. Mindestens drei weitere Ar-ten sind von Nord- und Ostsee bis zu den Alpen alljährlich als Gäste zu er-warten: Merlin und Rauhfußbussard im Winter aus Nordeuropa und der elegante Rotfußfalke im Sommer-halbjahr aus dem Osten. Als seltene Überraschung tauchen hin und wie-der noch weitere Arten auf; aber zu ihrer Identifikation bedarf es meist erfahrener Beobachter.

Zahlen geben nur den nüchternen Rahmen ab und kön-nen die Vielfalt des Greifvogellebens, das so manches schwer zu enträt-selnde Geheimnis birgt, nicht annä-hernd beschreiben. Wer aufmerk-sam beobachtet, kann immer wieder Überraschungen erleben, denn selbst

Turmfalkenweibchen kurz vor dem Zugriff auf eine Maus. Die Schwanz-federn sind gefächert und wie die ausgespannten Flügel möglichst steil gestellt, um den Stoß recht-zeitig abzubremsen.

19

*Ein seltener Schnappschuß:
Das Sperbermännchen nimmt ein
kühles Bad. Aber auch in einer
»Mußestunde« wird der Umgebung
immer gespannte Aufmerksamkeit
geschenkt.*

auffällige und große Greifvögel wis-
sen sich erstaunlich gut menschli-
cher Neugierde zu entziehen. Hätten
Sie gewußt, daß in den bayerischen
Alpen ein Steinadlerpaar Jahr für
Jahr in Sichtweite einer vielbesuch-
ten Hotelterrasse sein Junges auf-
zieht, unbemerkt von Hunderten von
Ausflugsgästen, die durch ihre Fern-
gläser das herrliche Alpenpanorama
bewundern?

Wievielen Städtern ist bewußt, daß
neben den Turmfalken im Winterhalbjahr auch einer der seltenen
Wanderfalken sein Jagdrevier mitten
in der Großstadt mit ihren vielen Tauben bezogen hat und auf dem hohen
Turm des Doms regelmäßig seinen
Ruheplatz aufsucht?

Außerhalb ihrer meist gut versteck-
ten Brutplätze kommen Greifvögel
oft weit herum, denn ein von trickrei-
cher und wendiger Beute lebender
Jäger braucht nicht nur ein großes
Jagdrevier, sondern muß je nach
Jahreszeiten seine Jagdgründe auch
verlegen. Sperber patrouillieren vie-
lerorts regelmäßig die winterlichen
Futterstellen für Singvögel in Park
und Garten ab. Über schneebedeck-
ten Wiesen gaukelt mancherorts niedrig eine Kornweihe und an schnee-
freien Stellen versammeln sich oft
mehrere Mäusebussarde, die anson-

sten einzeln auf den Giebeln der Feldscheunen und auf niedrigen Erdhügeln hocken. Herbst und Winter sind auch die Zeit, in der man dem sommers versteckt lebenden Habicht am ehesten begegnen kann, wenn ihn lohnendes Beuteangebot aus der Deckung treibt.

Besonders die Zeit des Vogelzugs ist auch für Greifvogelbeobachter Anlaß, immer wieder einmal den Blick auf den Himmel zu richten. Da ziehen im Spätsommer einzelne Wespenbussarde mit ruhigem Flügelschlag und eingeschalteten Gleitstrecken ihres Wegs, später im Jahr gefolgt von zahlreichen Mäusebussarden, die mitunter auch noch im Winter die Kälteflucht nach Südwesten antreten.

Nicht selten konzentrieren sich Greifvögel in der Nähe von Wasser. Selbst über kleinen Fischteichen und Badeseen lassen sich im Frühjahr und Herbst gelegentlich Fischadler auf ihrem Weg zwischen dem Winterquartier in Afrika und ihren Brutplätzen vom Nordosten Deutschlands bis Skandinavien blicken. Mit etwas Glück führt der im Weiß seines Unterseitengefieders weithin leuchtende Greifvogel während ruhiger Tagesstunden, die noch nicht vom Lärm des Freizeitbetriebs am und auf dem Wasser gestört sind, dem Beobachter seine Taktik des Fischfangs vor. Schwarzmilane halten sich dagegen mehr an die Uferlinie großer Seen oder gleiten im mühelos scheinenden Flug den Lauf breiter Flüsse entlang, um nach verletzten oder toten Fischen Ausschau zu halten. Ihr naher Verwandter, der Rotmilan, hält sich dagegen mehr über Feldern in weitläufigen Ackerlandschaften.

Wenn Mai- oder Junikäfer, Eintagsfliegen oder Ameisen schwärmen, sammeln sich besonders über Seen und Flüssen, Feuchtwiesen, Schilfwäldern oder Restmooren die schlanken Baumfalken. Man kann ihnen zusehen, wie sie nach den kleinen Beutetieren greifen und, ohne ihren leichten Flug zu unterbrechen, den Fuß zum Schnabel führen, um nach der kleinen Mahlzeit sofort wieder für die Jagd bereit zu sein.

Die seltenen Rotfußfalken, die sich vor allem im Mai gern unter jagende Baumfalken mischen, tun es ihnen gleich, setzen sich aber dazwischen gern immer wieder auf einen niedrigen Leitungsdraht.

Stieben gegen Ende eines Spätsommertages die wie Perlen auf dem Leitungsdraht aufgereihten Schwalben plötzlich auf, um in einer dichten Wolke mit zirpenden Alarmrufen das Weite zu suchen, ist wieder auf Baumfalken zu achten, die jetzt vor allem unter den noch ungeschickten Jungschwalben über dem Dorf ihr Glück versuchen.

Manchmal aber ist es auch ein des Weges kommender Sperber, der die Aufregung verursacht, obwohl er als Überraschungsjäger auf kurzen Strecken hoch im freien Luftraum kaum Chancen hat. Den mit hastigem Flügelschlag über die Häuser fliegenden Turmfalken haben dagegen die Schwalben längst als harmlos erkannt und lassen sich von ihm nicht beunruhigen.

Das schieferschwarze Männchen des Rotfußfalken sieht man bei uns nur im Frühjahr und Sommer als seltenen Gast. Die zierlichen Falken leben großenteils von Insekten; dieses Männchen hat eine Maulwurfsgrille erbeutet.

*V*iele Greifvogelbegegnungen sind oft überraschend und bedauerlicherweise auch kurz. Habicht und Sperber starten ihre Jagdflüge in der Regel aus der Deckung heraus, um mit hoher Geschwindigkeit schnell und überraschend an ihre Beute zu kommen und dann wieder hinter Büschen oder Bäumen zu verschwinden. Lange können sie das hohe Tempo nicht durchhalten, und der Flug über die freie Strecke ist daher kurz. Baum- und Wanderfalke stoßen mit rasender Geschwindigkeit möglichst aus der Höhe auf ihre fliegende Beute herunter und entschwinden nach einem Fehlstoß oft rasch aus dem Blickfeld. Der kreisende Steinadler über einem Alpental kann zum Leidwesen des Beobachters mit ein paar Flügelschlägen oder im raschen Sinkflug mit angewinkelten Flügeln in Minuten- oder gar Sekundenschnelle hinter einem Grat verschwunden sein. Unglaublich schnell entgleiten selbst über weithin offenem Land hoch dahinfliegende Greifvögel dem Blick oder legen rasch so große Entfernungen zurück, daß man sie bald nur noch als kleine Schemen erkennen kann.

Nur die beiden häufigen Mäusejäger Turmfalke und Mäusebussard oder im Winter der so gut wie immer auf offenen Flächen sitzende und jagende Rauhfußbussard zeigen sich meist länger, ähnlich die elegant kreisenden Milane im Suchflug. Doch Greifvögel über offenen Flächen halten sich meist in großer Entfernung vom Beobachter. Das gilt auch für die Zeit der Balzspiele über den Brutrevieren, bei denen sich Bussard, Milan, Sperber, Habicht, Weihe und Adler mitunter lange zusehen lassen, allerdings dann auch oft in so große Höhen aufsteigen, daß man die Vögel nur noch als kleine Silhouetten sieht. Es sind nicht zuletzt Überraschung und Flüchtigkeit der Begegnungen, die es so spannend machen, die schnellen und trickreichen Jäger in ihren weiten Streifgebieten aufzuspüren und zu beobachten.

Um wieder auf ein paar nüchterne Zahlen zurückzukommen: Vier bis sechs verschiedene Greifvogelarten kann jeder Naturfreund im Laufe eines Jahres in seiner Heimat beobachten, wenn er die versiegelten Flächen einer Stadt hinter sich gelassen hat. Er muß dazu nicht einmal in besonders naturnahen und entlegenen Gebieten wandern. Eifrige Ornithologen haben z. B. in und über Berlin 19, im Stadtgebiet von Regensburg 14 und sogar im Industriegebiet von Leverkusen 9 verschiedene Greifvogelarten im Laufe der Jahre festgestellt. Es gibt ihn also noch fast vor der Haustür, den Hauch von Wildnis und Ungebundenheit, den jedes Zusammentreffen mit einem Greifvogel spüren läßt.

Luftwirbel zerzausen das Gefieder des Rohrweihenweibchens bei der Landung.

Gleiten – Segeln – Rütteln: Die Luft hat keine Balken

Greifvögel in Bewegung ist Perfektion in der Luft. Mühelos scheint der Steinadler über seinem großen Revier zu kreisen, der Schwarzmilan mit leichten Drehbewegungen seines langen Schwanzes im Gleitflug zu steuern, der Wanderfalke mit kräftigen Flügelschlägen in steiler Bahn aufzusteigen, um in atemberaubendem Tempo auf sein Opfer herunterzustoßen. Selbst Alltagsbeobachtungen eines landenden Bussards oder eines zwischen Baumstämmen und Gebüsch kurvenden Sperbers werden zum Erlebnis. Meist enthüllt erst das superkurz belichtete Foto oder der zeitgedehnte Film, welch kompliziertes Zusammenspiel von Muskeln und Federn hinter den wie selbstverständlich erscheinenden Flugmanövern gefiederter Jäger steckt.

Wer ein bißchen Übung in der Beobachtung von Greifvögeln hat, kann seine Begleiter leicht in Erstaunen versetzen, denn er sieht in Entfernungen, in denen man gerade einen größeren fliegenden Vogel zu erkennen glaubt, noch manche Einzelheiten der Bewegung, deren Kenntnis man kaum aus Büchern lernen kann. An ihnen lassen sich mitunter einige Greifvogelarten erkennen, ohne daß man irgendwelche Farben oder andere Details sieht. Ein Mäusebussard hält im Segelflug seine Flügel ganz leicht über der Horizontalen und seine gefingerten Flügelspitzen leicht nach oben gebogen, ganz im Unterschied zum sehr ähnlichen Wespenbussard, dessen ausgespannte Flügel in der Waagerechten liegen, fast etwas nach unten gebogen scheinen und kleine Turbulenzen in der Luft ganz anders korrigieren. Eine Weihe

kreist wiederum mit davon abweichender Technik: Sie hat die Flügel leicht V-förmig angehoben und schaukelt manchmal fast etwas ziellos hin und her; die massigeren Rohrweihen bewegen sich dabei wieder anders als die schlankeren Wiesen- oder Kornweihen. Und ein Milan schaufelt mit seinen langen Flügeln deutlich tiefer als ein Bussard, wenn man beide im Streckenflug vergleicht.

Nahezu gleichgroße Greifvögel mit unterschiedlichen Flugweisen deuten also bereits an, daß Perfektion für Greifvögel sich nicht an den Normen und Regeln einer sportlichen Disziplin orientiert, sondern auf unterschiedlichen körperlichen Voraussetzungen beruht, die zu ganz verschiedenen Jagdstrategien führen. Vergleichen wir z. B. in der Greifvogelsippe die kleinen mit den ganz großen, werden die Unterschiede gewaltig. Die kleinen, schlankflügeligen Falken eilen mit schnellen Flügelschlägen durch die Luft, der Gänsegeier gleitet mit ausgestreckten breiten Flügel»brettern« kilometerlang dahin, ohne mehr als nur gelegentlich einen weit ausholenden Schlag zu tun. Nicht jeder kann es also dem anderen gleichtun, sondern muß mit seinen Möglichkeiten auskommen. Perfektion bedeutet in der Regel nichts anderes als der Kompromiß zwischen weit auseinanderliegenden Anforderungen.

Ein Rotmilan hat Beute entdeckt und stürzt mit angewinkelten Flügeln elegant auf den Boden hinab.

Schnelligkeit nicht um jeden Preis

Flugspiele eines Schwarz-milanpärchens über dem Brutrevier. Die beiden Partner täuschen einen Angriff vor; der abwehrende Vogel kann sich dabei sogar für einen Augenblick in der Luft auf den Rücken werfen. Manchmal ver-krallen sich die Vögel sogar für eine kurze Zeit und trudeln ab, ehe sie sich wieder voneinander lösen.

In Rekordlisten für Vögel – solche gibt es natürlich längst – steht der Wanderfalke in der Regel an der Spitze. Er soll im Stoß von oben auf eine fliegende Beute bis zu 300 Kilometer pro Stunde erreichen, jedenfalls für wenige Sekunden oder gar nur Bruchteile davon. Doch da hat wohl einer vom anderen abgeschrieben, denn an den alten Schätzungen und Berechnungen bestehen erhebliche Zweifel. Genauere Messungen haben

Spitzengeschwindigkeiten von »nur« 130 bis vielleicht maximal 180 Kilometern pro Stunde ergeben. Auch das grenzt schon fast ans kaum Glaubliche, denn der Vogel muß ja innerhalb kürzester Zeit auf dieses Tempo beschleunigen. Doch damit noch nicht genug: Wanderfalken können Beute überwältigen, die größer ist als sie selber. Ein Zusammenstoß in der Luft bei diesem Tempo wäre daher auch für den schneidigen Falken tödlich und käme einem Kamikaze-Einsatz gleich. Um eine Kollision zu vermeiden, überholt der Falke sein Opfer oder bremst den Auf-

27

prall vorher ab; dabei reißt er ihm mit der für Falken typischen langen Hinterzehe die Muskulatur auf. Oft steilt der Angreifer mehrmals wieder auf, um von neuem seine Beute zu attackieren, ehe sie schließlich schwer verletzt zu Boden fällt und dann durch einen Biß in den Nacken oder Hinterkopf getötet wird. Nur bei kleinen Opfern oder im geringeren Angriffstempo aus flacherem Winkel kommt es oft schon bei der ersten Attacke zum festen Griff oder todbringenden Zusammenprall.

Tauben, die wichtigste Wanderfalkenbeute, aber auch Rebhühner oder Enten sind zwar sehr schnell, doch wegen ihrer Größe nicht manövrierfähig genug, um den Blitzattacken rechtzeitig auszuweichen. Mit kleinen, wendigen Singvögeln tut sich der kräftige Jäger viel schwerer, weil sie beweglicher sind als er selbst. Auf Grundschnelligkeit allein kommt es also nicht an.

*D*er kleinere, langflügelige und im Vergleich zur Flügelfläche vor allem wesentlich leichtere Baumfalke erreicht z.B. sicher nicht die hohe Stoßgeschwindigkeit seines massigeren Verwandten, der im Sturzflug von oben kommend auch sein erhebliches Körpergewicht mit in die Waagschale wirft. Doch fliegt er viel wendiger und setzt aus schnellem Streckenflug oder aus einem Gleitflug, für den er dank der großen Spannweite seiner relativ langen Flügel gut gerüstet ist, oft ganz plötzlich mit einem raschen Schlenker zum

Angriff an und kann auch einen Fehlstoß gleich wieder abfangen, um von neuem eine Attacke zu führen. Fast so, wie ein großer Mauersegler fliegende Insekten jagt, sieht es aus, wenn sich der Baumfalke seine Beute aus der Luft »pflückt«. Aber auch ganz niedrig über dem Boden dahinsausend oder rasch aus einer Deckung heraus stößt der blitzschnelle Falke zu; ein Kleinvogel, der erschreckt vor dem einschlagenden Blitz aufflattert, hat bereits verloren, ehe er richtig Luft unter die Flügel bekommt. Oft hat der unbeteiligte Beobachter erst dann erkannt, worum es ging, wenn der Falke mit Beute in den Fängen etwas schwerfälliger abstreicht.

*Ü*berraschungsangriffe aus gut gedecktem Ansitz oder hinter einer Deckung hervor, die das Anpirschen gestattet, wenden vor allem Jäger an, für die wegen hoher Flügelbelastung ein langer schneller Flug zu energieaufwendig ist. Der Sperber nützt Sichtschutz so geschickt, daß man meist von ihm hört, ehe man ihn für einige Sekunden zu Gesicht bekommt: Plötzlich liegt ein vielstimmiges, durchdringend hohes »siiih« in der Luft, sobald auch nur ein Singvogel den aus heiterem Himmel auftauchenden Todfeind entdeckt hat. Der Alarm wird rasch zu einem vielstimmigen »Aufschrei«. Kurz darauf schießt der gewandte Überraschungsjäger mit schnellen Schlägen seiner kurzen, breiten Flügel um die Ecke. Nach

Der gewandteste Kurventechniker unter den heimischen Greifvögeln ist das zierliche Sperbermännchen. Hakenschlagen zählt zu seiner Taktik, um sich auch zwischen Bäumen und Büschen überraschend einen Kleinvogel zu schnappen.

einigen blitzartigen Wendungen hat er sein Opfer gepackt und trägt es in sichere Deckung davon. Nicht immer freilich hat er Erfolg, und manchmal greifen seine nadelscharfen Krallen ins Leere. Doch mit seiner ausgefeilten Taktik des Überfalls überrumpelt der hochspezialisierte Singvogeljäger oft genug eine Meise, einen Spatzen oder auch das Rotkehlchen, das sich etwas zu weit aus dem dichten Buschwerk hervorgewagt und nicht schnell genug auf die Warnung der anderen Singvögel reagiert hat. Kleinigkeiten entscheiden in der Natur oft über Tod und Leben.

*W*enn er nach dem Jagdstoß aus dem Hinterhalt für eine Weile aufbaumt und mit raschen Kopfwendungen die Umgebung mustert – ein kurzes Verschnaufen vor neuen Taten – fällt beim aufrechtsitzenden Sperber der relativ lange Schwanz auf, der als Seiten- und Höhenruder eingesetzt wird, und den gewandten Kurvenflieger und Hakenschläger zwischen Bäumen und Büschen verrät. Die Flügel sind deutlich kürzer als bei Falken: Wer viel zwischen Bäumen und Büschen jagt, für den sind lange Flügel hinderlich. Um aber trotzdem eine tragfähige Fläche zu bieten, sind die kurzen Flügel breit und stumpf.

Der Habicht, ebenfalls ein Waldvogel, der sich gewandt zwischen Bäumen zu bewegen weiß und auch möglichst aus der Deckung heraus oder niedrig über dem Boden fliegend seine Angriffe vorträgt, ist in al-

lem das größere Abbild des Kleinvogeljägers Sperber. Seine Beute besteht aus größeren Vögeln und auch aus kleineren bis mittelgroßen Säugetieren. Auch Sperber tun übrigens gut daran, sich vor ihrem großen Vetter in Sicherheit zu bringen.

Selbst die so bedächtig scheinenden Adler werden schnell und agil, wenn sie zum Jagdflug ansetzen, um vom offenen Boden oder wie der mächtige Seeadler mit seinen brettartigen

Mäusebussard im Landeanflug: Der auf die breiten Flügel auftreffende Luftstrom biegt die gefingerten Handschwingen an der Flügelspitze nach hinten. Der aufgestellte Körper und der gefächerte Schwanz wirken als große Bremsfläche; die Füße greifen bereits zur sicheren Landung. Sekunden später wird der Vogel nach kurzem Gefiederschütteln ruhig auf seiner Warte sitzen und nach Beute ausspähen.

Das Weibchen der Kornweihe auf seinem niedrigen Suchflug über der verschneiten Wiese. Typisch für Weihen sind V-förmig angehobene Flügel.

Flügeln von der Wasseroberfläche ein Opfer zu greifen. In den Alpen nützen Steinadler oft die Gunst des lebhaften Reliefs: Sie kommen um eine Ecke herum oder niedrig über einen Vorsprung, um den letzten Weg der schnellen Attacke so kurz wie möglich zu halten und dem Opfer wenig Zeit zu lassen, sich in Sicherheit zu bringen.

$\mathscr{D}$ie Grenzen der bewundernswerten Perfektion bei schneidigen Jagdstößen aber werden durchaus sichtbar: Viele Angriffe sind erfolglos, bei Habicht und Adler wie bei Falke und Sperber. Das von ferne angepeilte Opfer hat also seine

Chance, zu entkommen. Und die ist nach bisherigen Beobachtungen gar nicht einmal so gering, denn man rechnet, daß z. B. Wanderfalken 70 bis 80% ihrer Jagdstöße erfolglos beenden oder vorzeitig abbrechen. Wie so viele Zahlen, geben allerdings auch solche Werte die Verhältnisse nicht ganz korrekt wieder. Man muß nämlich damit rechnen, daß Falken, Adler oder Habichte auch dann Beute anjagen, wenn sie gar nicht so sehr vom Hunger oder von der Notwendigkeit getrieben werden, Junge im Horst zu versorgen. Manche Jagdstöße sind gewissermaßen spielerisch angesetzt oder nach dem Motto: Mal sehen, was man so mitnehmen kann.

Wie dem auch sei: Attacken mit Aussicht auf Erfolg kosten viel Kraft und

31

Gänsegeier sind perfekte Thermiksegler, die an sonnenbeschienenen Hängen die aufsteigende erwärmte Luft nutzen. Ihre gemeinsamen Schlafplätze an Felswänden sind häufig so gelegen, daß die Vögel bereits am frühen Vormittag beim Start im Segelflug an Höhe gewinnen.

erfordern einen ganzen Kerl. Was Wunder also, wenn sich manche Greifvögel auf weniger aufwendige Jagdmethoden verlegen und auch der »stolze« Adler in schlechten Zeiten auf Fallwild ausweicht und sich mit Krähen um die Reste eines Kadavers prügelt.

Suchen, Warten und Flug auf der Stelle

Nicht alle Greifvögel sind ausgesprochene Attackierer, wie Sperber, Habicht, Wanderfalke oder Steinadler. Die andere weit verbreitete Taktik des Beutemachens ist die geduldige Suche. Zu denen, die sich darauf verlegt haben, zählen die schlanken Weihen und die Milane, deren Beute entweder aus kleinen Tieren wie Mäusen und Kleinvögeln besteht, oder die sich nicht zu schade sind, regelmäßig tote Tiere aufzuklauben oder sich am Aas gütlich zu tun. Die perfektesten Sucher sind die Geier. Das Modell Gänsegeier, das vor allem in warmen Ländern Afrikas und Asiens in mehreren Ausgaben vertreten ist, zeigt, worauf es ankommt, wenn man auf der Suche nach Nah-

Aus dem niedrigen Suchflug oder von einem günstigen Ansitzposten startet der Mäusebussard seine Jagd. Hier bremst er gerade die Wucht des Anfluges ab, um im nächsten Moment zielsicher die Maus mit seinen Fängen zu greifen.

rung so gut wie täglich große Strekken zurückzulegen hat. Energiesparender Gleit- und Segelflug ist die Lösung; hohe Geschwindigkeit ist dabei gar nicht so sehr gefragt. Im Gegenteil: Langsame Fortbewegung erlaubt sorgfältige Suche. Im Gleitflug streckt der Vogel nur seine Flügel aus und bewegt sich langsam in eine Richtung, aber er verliert – ganz wie die in Mode gekommenen Hängegleiter – dabei an Höhe. Das Körpergewicht drückt ihn zu Boden, der ausgebreitete Flügel bremst gewissermaßen den Fall: Das Ergebnis ist ein Abgleiten nach vorne. Ideal sind daher besonders große Flügelflächen, die den Fall sehr stark verzögern und eine lange Gleitstrecke erlauben. Aber der Flügellänge sind aus physikalischen Gründen Grenzen gesetzt; extrem lange Flügel bringen nebenbei auch große Schwierigkeiten mit sich, vom Boden aus zu starten. Beim perfekten Gleiter ist daher durch sehr breite Flügel die begrenzte Länge ausgeglichen. Gänsegeier haben die breitesten Flügel unter den europäischen Greifvögeln.

Noch ein Problem ist aber zu lösen: Vor allem bei geringer Geschwindigkeit bilden sich an den Flügelspitzen störende Wirbel. So sind bei guten Gleitern und Segelfliegern, vor allem Geiern, Adlern und Bussarden, die Spitzen des ausgebreiteten Gleitflügels gefingert. Zwischen den längsten Handschwingen kann die Luft hindurchströmen, und die Wirbelbildung ist gestört. Etwa 20 Prozent an Energie wird beim Gleiten eingespart; wer immer dazu Gelegenheit hat, läßt sich das nicht entgehen.

Wenn Luft nach oben strömt, kann ein Vogel mit langen oder breiten Flügeln sogar ohne einen Flügelschlag an Höhe gewinnen. So schrauben sich Adler und Geier an sonnigen Hängen nach oben, aber auch, wenn erwärmte Luft in sogenannten Thermikschläuchen nach oben strömt. Auf den ringförmigen Thermikwirbeln lassen sich Mäuse- und Wespenbussarde, Adler und Weihen über ihrem Brutrevier im Balzflug spielerisch kreisend in die Höhe tragen. Das ist das Prinzip des Segelns auf der Luft.

Die gleiche Technik wenden diese Arten und auch die Geier bei Suchflügen an; aus größerer Höhe läßt sich dann eine lange Strecke abgleiten. Und so kommt es, daß z. B. Geier ausgesprochene Langschläfer sind und meist erst bei höhergestiegener Sonne ihre Schlafwände verlassen. Ja, sie wählen sogar im Gebirge bevorzugt solche Übernachtungsstellen, die von der Morgensonne beschienen werden. Wer in den Alpen Steinadler beobachten will, braucht nicht wie andere Vogelbeobachter vor Sonnenaufgang aus

den Federn. Der hohe Vormittag an einem sonnigen Tag bietet die besten Chancen, den König der Berge über seinem weitläufigen Revier zu Gesicht zu bekommen, weil er dann die Thermiken zum Segelflug nützt.

Wer eine günstige Flächenbelastung der Flügel erreicht, kann auch niedrig über dem Boden auf seinen Suchflügen dahingleiten und dann selbst kleine Beutetiere erkennen. Rohr-, Korn-, Wiesen- und Steppenweihe mit schlankem Körper und relativ langen und breiten Schwingen nützen das aus. Die V-förmig angehobenen Flügel verleihen ihnen Stabilität in der Luft. Wenn sie Beute erspäht haben, brauchen sie sich nur ein kurzes Stück auf den Boden fallen zu lassen.

Mäusebussarde und Milane gleiten auf ihren Suchflügen dagegen meist etwas höher über dem Untergrund. Milane stoßen rasch herunter, wenn sie ihre Flügel anlegen; auch die großen Adler sind in dieser Technik Meister. Mäusebussarde, die aus 30 bis 80 Meter Höhe meist im flachen Winkel auf den Boden herunterstoßen, erreichen wegen ihrer großen, breiten Flügel keine hohe Geschwindigkeit. Doch das scheint auszureichen, um die Maus im niedrigen Gras zu erwischen; hohe Vegetation macht den Bussarden das Leben allerdings wesentlich schwerer.

Mäusebussarde, die man vor allem im Winterhalbjahr in der weithin offenen Flur ruhig auf Pfosten, niedrigen Baumästen, Scheunendächern oder auch Maulwurfshaufen sitzen sieht, führen die energiesparendste Form der Kleinsäugerjagd vor: das geduldige Warten. Ansitzjagd aber hat den Nachteil, daß man nur ein kleines Stück des Jagdgebiets im Blickfeld nach Beute absuchen kann und also schon etwas Glück in Anspruch nehmen muß, um ein Beutetier in Reichweite zu bekommen. Bussarde kann man, sofern die eigene Geduld ausreicht, mitunter mehrere Stunden ruhig auf ihrer Warte sitzen sehen. Ansitzjagd ist also nicht immer sehr ergiebig.

Jagende Sperber verlegen daher auch oft bereits nach ein paar Minuten ihren Ansitz, um von einem

Rüttelnder Turmfalke von unten gesehen. Die am Vorderrand des Flügels abstehenden kleinen Daumenfittiche vergrößern die Bremswirkung des nach unten bzw. nach vorne schlagenden Flügels, so daß der Falke in der Luft »stehen« bleibt. Die deutliche Schwanzbänderung zeigt, daß hier ein Weibchen rüttelt.

Rüttelnder Turmfalke: Mit steil aufgerichtetem Körper fliegt der Falke auf der Stelle und nützt diese Position, um nach Beute auf dem Boden Ausschau zu halten.

Rüttelndes Turmfalken-weibchen. Die Flügel haben gerade den Aufschlag beendet; die Federn sind noch weitgehend zusammengefaltet; die Flügel werden sich erst beim Abschlag breiter öffnen.

inne, um gewissermaßen von einem niedrigen Stockwerk aus noch einmal die Situation zu prüfen und dann den raschen Stoß auszuführen. Bequem lassen sich die Jagdtaktiken des kleinen Falken über Wiesen und Feldern, manchmal auch mitten in der Stadt über einer Rasen- oder Ödfläche, bewundern.

Doch dieser Rüttelflug ist sehr kostspielig, denn er verbraucht viel Energie, die letztlich aus der Nahrung gewonnen werden muß. Kein Wunder, daß Greifvögel mit großen, breiten Flügeln davon wenig Gebrauch machen. Mäusebussarde sieht man nur manchmal rütteln; Fischadler mit ihren ungewöhnlichen langen und schmalen Flügeln, die sie von jedem »echten« Adler unterscheiden, rütteln dagegen häufig, ehe sie zum Stoß ins Wasser ansetzen.

Untersuchungen an Turmfalken verdanken wir auch einen interessanten Einblick in die Frage, welche der unterschiedlichen Jagdtechniken in einzelnen Situationen angewendet werden. Rütteln ist drei- bis zehnmal so erfolgreich wie der Ansitz, auf den auch Turmfalken, ähnlich Mäusebussarden, oft ausweichen. Aber Ansitzjagd ist viel sparsamer. So sitzen Turmfalken im Winter bei geringer Mäusedichte viel häufiger ruhig auf Ansitz, um mit ihren Energiereserven in der kalten Jahreszeit hauszuhalten. Im Frühjahr und Sommer, wenn auch für die hungrigen Jungen im Nest Beute zu machen ist, wird dann hauptsächlich der ergiebigere, aber energieverzehrende Rüttelflug eingesetzt.

neuen Aussichtspunkt ihre Umgebung zu mustern. In Wald und Gehölz ist ihr Gesichtskreis natürlich auch geringer, und flinke Kleinvögel ändern rasch ihren Aufenthaltsbereich.

Eigenartig ist der Suchflug des Turmfalken, der mit schnellen, flachen Flügelschlägen, meist etwas schräg gehaltenem Körper und breit gefächertem Schwanz regelrecht auf der Stelle fliegt. Bei diesem Rütteln kann der sich hin- und herdrehende Kopf den Boden mustern; rasch wechselt der Falke seine Position, um von neuem ein Stück Boden abzusuchen. Hat er eine Maus entdeckt, stürzt er sich in mäßigem Tempo nach unten; oft hält er auch

Turmfalkenhochzeit auf einem dürren Zweig in der Nähe des Nestes.

Das starke Geschlecht: die Weibchen

Ein Leben als Jäger scheint in der Vogelwelt weitreichende Konsequenzen zu haben, die sich nicht nur in krummem Schnabel, kräftigen, krallenbewehrten Fängen oder besonderen Ausformungen der Flugwerkzeuge erschöpfen. Bei den meisten Vögeln sind die Männchen größer und nach unserem Geschmack prächtiger gefärbt als die Weibchen – und das scheint uns ganz selbstverständlich. Denn es ist ja bekannt: Die Männchen mit ihren prächtigen Farben bemühen sich um die Weibchen und haben sich dabei mit Nebenbuhlern auseinanderzusetzen. Sie sollten nicht nur deshalb möglichst stark sein, denn in der Regel sind sie auch für die Eroberung und Sicherung des Reviers verantwortlich. Den Weibchen erleichtert eine Tarnfärbung das Überleben, wenn sie sich um Eier und Jungvögel kümmern.

Kleine Männchen – große Weibchen

Einige Falken, wie Turmfalke, Merlin oder Rotfußfalke, und vor allem die Weihen scheinen klar zu beweisen, daß sich zumindest auch Greifvögel an diese allgemeine Regel halten. Die Männchen sind auffälliger gefärbt als die Weibchen. Wenn man allerdings genau nachmißt oder einem Rohr- oder Wiesenweihenpaar im Balzflug zusieht, bemerkt man, daß die Männchen etwas kleiner und schlanker als die Weibchen wirken. Auch beim Wanderfalken ist der Größenunterschied zu erkennen; beim Turmfalken sind die Unterschiede auf der Waage zwar erheblich – die Weibchen können bis zu einem Drittel schwerer werden als die Männchen –, doch im Freiland schwer zu erkennen.

Mit den Größenangaben, wie man sie aus Büchern entnehmen kann, ist das allerdings so eine Sache. Fliegende Greifvögel ohne direkten Vergleich mit einem vertrauten Gegenstand im freien Luftraum betrachtet täuschen oft gewaltig, so daß man sich mit Abschätzungen der Körpergröße schwer tut, zumal häufig Länge und Form der Flügel die eigentliche Körpergröße regelrecht verschleiern. Sitzende Falken wirken z. B. viel zierlicher und kleiner als im Flug. Aus größerer Entfernung ist es oft gar nicht einfach, einen Bussard von einem kleineren Adler nur der Größe nach zu unterscheiden. Erfahrene Beobachter behelfen sich häufig mit einem Trick: Unterschiede der Körpermasse bei Vögeln annähernd gleicher Fluggestalt drücken sich oft in den Bewegungen aus; größere Vögel ähnlicher Gestalt schlagen z. B. häufig langsamer mit den Flügeln.

*B*ei Adlern, Bussarden oder Milanen schmücken sich die Männchen nicht mit bunten Federn und sind von ihren Weibchen daher auch nicht zu unterscheiden. Allerdings fallen auch bei diesen Arten die Größenunterschiede zwischen den Partnern eines Paares manchmal so deutlich aus, daß man sie im Vergleich schon im Fernglas feststellen kann. Und das ist bei fast allen Greifvögeln der Welt so: Die Weibchen scheinen, jedenfalls was die Körpergröße anbelangt, das stärkere Geschlecht zu sein. Daher bezeichnet die Falknersprache Greifvogelmännchen allgemein als Terzel. Dieser Ausdruck soll vom lateinischen Tertius (der Dritte) kommen und andeuten, daß die Männchen mancher Greifvögel um ein Drittel kleiner als die Weibchen sind. Auch bei anderen Jägertypen in der Vogelwelt treffen wir ähnliche Verhältnisse, bei den Eulen etwa und bei Raubmöwen.

*D*ieser manchmal gar nicht so kleine Unterschied ist unter den Greifvögeln bei den Vogeljägern am größten. Und bei denen, auf deren Speisezettel Vögel und Säugetiere stehen, immer noch größer als bei reinen Säugetierjägern. Daher sind z. B. die Männchen des Mäusebussards kaum kleiner als Weibchen. Haben die Größenunterschiede also etwas mit der Jagdweise zu tun? Es gibt viele gescheite Hypothesen, die den im Vergleich zur Vogelnorm »umgekehrten« Geschlechtsunterschied der Greifvögel zu erklären versuchen. Um es gleich vorwegzunehmen: Keine kann bisher eine befriedigende Erklärung anbieten. Doch viele interessante Zusammenhänge ergeben sich mit der Lebensweise einzelner Arten.

Sperbermännchen, die in der Falknersprache auch als »Sprinz« bezeichnet werden, sind besonders klein. Sie erreichen im Durchschnitt

*Das blaugraue
Männchen der
Wiesenweihe.
Die Weibchen sind
braun gefärbt und
etwas größer.*

nur etwas mehr als die Hälfte der Körpermasse eines Weibchens; man kann sie also auch im Freien schon allein an der Größe erkennen. Ihre Oberseite ist blaugrau, die der Weibchen mehr braungrau. Die weißliche Unterseite ist bei den Männchen orange bis rotbräunlich quergestreift und gefleckt; bei den Weibchen durchzieht eine feine graubraune Bänderung die helle Unterseite. Die Farbunterschiede sind also erkenn-

41

bar, aber nicht so gewaltig, als daß man das Männchen als den wesentlich Schöneren bezeichnen könnte. Wahrscheinlich ist die Farbverteilung im wesentlichen auf Tarnung angelegt. Eine helle, durch schmale Bänder unterbrochene Unterseite löst die Konturen gegen den hellen Himmel auf; eine dunkle Oberseite wirkt tarnend von oben gegen den dunklen Boden. In der Tat sind Sperber gar nicht so leicht zu entdecken, wie man meinen möchte, wenn man sie nur von guten Fotos kennt. Die Unterseitenzeichnung, aber auch der Hell-Dunkel-Kontrast lassen die Figur des kleinen Greifvogels im Geäst oft regelrecht verschwinden.

*F*ür die Jagd scheinen beide Geschlechter gleich gerüstet, jedenfalls was Flug- und Greifwerkzeuge anbelangt. Die größeren Weibchen können allerdings größere Beute fangen, sind aber weniger wendig als die schlanken Männchen. Wie bei vielen Greifvögeln unterscheidet sich daher auch beim Sperber die Vorzugsbeute von Männchen und Weibchen. Sperbermännchen ziehen Vögel etwa Goldhähnchen bis Singdrossel vor, Weibchen solche von Bachstelze bis Misteldrossel. Bei etwa 120 Gramm liegt die Obergrenze der Beutemasse, die ein Männchen noch meistern kann; Weibchen können dagegen auch Tiere bis zu 500 Gramm überwältigen.

Die Folgen dieser Unterschiede sind kompliziert. Im Winter jagen Männchen und Weibchen meist auf getrennten Wegen. Man sieht nie mehrere Sperber beisammen, gelegentlich lediglich das Paar. Weibchen suchen aber oft andere Jagdbiotope auf als Männchen. Der Größenunterschied könnte also mindestens dazu beitragen, daß in knapper Zeit Männchen und Weibchen gut nebeneinander existieren können, weil sie sich in ihrer Vorzugsnahrung unterscheiden und daher die Jagdkonkurrenz gemildert wird.

In harten Wintern scheint es aber Sperbermännchen schlechter zu gehen als den Weibchen. Sie können nämlich weniger lang hungern, weil sie mit ihrem kleinen Körper bei großer Kälte rascher Energie verlieren und auch nicht so viel Fett zu speichern vermögen wie die wesentlich massigeren Weibchen. Damit wären also zwei wichtige Eigenschaften, nämlich perfekter Jäger einerseits und guter Energiespeicher andererseits auf die beiden Geschlechter unterschiedlich verteilt. Und das hat Konsequenzen für die Brutzeit.

Sperbermännchen wählen sich ihre Reviere, die Weibchen die Männchen, die ein Revier besitzen. Das Paar führt über dem zukünftigen Brutrevier Flugspiele aus, die man als Girlandenflüge bezeichnet: Die Vögel lassen sich hoch in der Luft fallen und nutzen den Schwung gleich wieder aus, um erneut aufzusteigen. So entsteht eine wellenförmige Flugbahn, die den Revierbesitz weithin zur Schau stellt. Die Flugspiele stärken sicher auch die Paarbindung. Ob die Sperberweibchen aber richtig gewählt haben, stellt sich bald heraus. Denn in der Zeit vor der Eiablage läßt sich das Weibchen vom Männchen

Das lebhafter gefärbte Habichtmännchen ist kleiner als das kontrastärmere Weibchen, das allein die Eier bebrütet und bei den kleinen Nestlingen Wache hält.

füttern. Nur gut ernährte Weibchen legen Eier. So hat das kleine Männchen eine entscheidende Position für den Bruterfolg; kann es seinen Pflichten nicht optimal nachkommen, fällt ein Gelege aus oder enthält nur wenige Eier. Seine Fähigkeit als Jäger ist also gefordert.

Daß das große Weibchen sich vom kleinen Männchen ernähren läßt, hat wahrscheinlich zwei wichtige Gründe. Das Weibchen muß für die Eibildung – immerhin kann es bis zu sechs Eier legen – Stoffreserven anlegen, nimmt also an Gewicht zu. Das geht unbestreitbar auf Kosten seiner Jagdfähigkeit. Müßte es selbst für seine Ernährung sorgen, käme es wahrscheinlich in Schwierigkeiten. Zudem wäre die stürmische Jagd möglicherweise schädlich für die Eibildung im Mutterkörper.

Arbeitsteilung im Brutgeschäft

Den Nestbau besorgen zwar beide Partner, doch ist der Anteil des Männchens meist viel geringer. Es muß ja auch das Weibchen mit Nahrung versorgen. Das setzt sich fort, wenn das Weibchen auf den Eiern sitzt, die es allein ausbrütet. Wieder ist seine Größe von Vorteil: Auch bei großen Gelegen können alle Eier optimal bedeckt und gewärmt werden. Das kleine Männchen wäre dazu gar nicht in der Lage. Außerdem kann das besser als Energiespeicher ausgelegte Weibchen auch eher den Eiern die nötige Wärme zuführen – vorausgesetzt, das Männchen liefert genügend Nahrung.

Auf seine Fähigkeiten als Jäger wird die Familie noch einige Zeit ausschließlich angewiesen sein. Wenn nach etwa 33 bis 35 Tagen Brütezeit die Jungen schlüpfen, bleibt weiterhin das Weibchen am Nest und die Leistung des jagenden Männchens muß sich sogar noch erheblich vergrößern. Das große Weibchen hudert die kleinen Jungen, deckt sie mit sei-

richtige Jungennahrung, die das Weibchen vom Männchen in Empfang nimmt und in kleine mundgerechte Bissen für die Jungen zerlegt. Dem Sperbermännchen wird seine harte Arbeit der Familienernährung dadurch erleichtert, daß jetzt, wenn die heranwachsende Sperberbrut ihr Recht fordert, viele noch ungeschickte und unerfahrene Jungvögel das Nest verlassen haben und ihm eine leichte Beute werden. In den ersten Tagen überbringt es seine Beute dem Weibchen säuberlich gerupft. Danach kommt ihm das Weibchen zur Übergabe meist entgegen und rupft selbst die vom Männchen zugetragene Beute außerhalb des Nestes.

*E*ine alte Überlieferung findet in der Arbeitsteilung der Geschlechter ihre Erklärung. Greifvögel, so sagt man, halten in der Nähe ihres Horstes einen »Burgfrieden« ein, von dem potentielle Beutetiere profitieren, denn sie werden in der Nähe eines besetzten Greifvogelhorstes nicht gejagt. Besonders auffällig ist diese Erscheinung bei Sperber und Habicht. Da das am Horst zurückbleibende Weibchen nicht selbst jagt, sondern am Nest oder in dessen Nähe die Beute zugetragen erhält, ist der befriedete Bezirk ganz zwanglos zu erklären: Zutragen und Beuteübergabe halten Männchen im Bereich des Nestes von der Jagd ab. Der Burgfrieden ist übrigens nicht absolut verläßlich: Kommt dem abfliegenden Männchen eine Beute paßgerecht in die Quere, wird sie geschlagen.

Das Sperberweibchen bleibt bei den Nestlingen, schützt sie vor Kälte und Nässe und zerlegt die vom Männchen gebrachte Beute in schnabelgerechte Bissen.

Ist das Sperberpaar bei den Nestlingen, erkennt man deutlich den Größenunterschied. Das kleinere Männchen (vorne) hat Beute gebracht, die das Weibchen für die Jungen zerlegt.

nen breiten Flügeln auch gegen Hitze und Regen ab. Etwa 10 bis 12 Tage dauert dieser für das Überleben der Jungen wichtige Innendienst; weitere 10 Tage bleibt das Weibchen ausschließlich oder doch zumindest größtenteils am Nest. Wieder kann es seine Größe ausspielen: Zur Verteidigung des Nestes gegen Nesträuber, vor denen auch ein Sperber nicht gefeit ist, wenn er sein Nest längere Zeit unbewacht läßt, ist es wesentlich besser in der Lage als das kleine Männchen.

Jetzt erweist es sich als Vorteil, daß sich die schnellen, zierlichen Männchen vorzugsweise an kleine Beutetiere halten. Zarte Singvögel sind die

Beim Sperber ist die Arbeitsteilung im Verhaltensprogramm fest eingeplant. Fällt ein Partner aus, geht die Brut zugrunde. Nicht etwa, weil die Arbeit für einen zuviel würde, sondern weil der eine die Aufgaben des anderen nicht einfach übernehmen kann. Das Männchen ist nicht in der Lage, die angeschleppte Beute für die Jungen schnabelgerecht zu zerkleinern. Ist kein Weibchen mehr da, müssen kleine Nestlinge verhungern angesichts im Nest aufgehäufter Nahrung, die das Männchen eifrig weiter zuträgt. Fällt das Männchen aus, kann das Weibchen wohl kaum einmal für sich selber sorgen, geschweige denn für hungrige Nestlinge. Während der Wochen von der Eiablage bis zur Versorgung der Nestlinge wechselt nämlich das Weibchen seine Schwungfedern und ist daher nur beschränkt flug- und manövrierfähig.

Der Gefiederwechsel, die Mauser, ist ein wichtiger Vorgang im Vogelleben. Kleine Greifvögel müssen neben ihrem Körpergefieder aus vielen kleinen, sich deckenden Federn einmal im Jahr auch ihre Schwung- und Steuerfedern erneuern. Die verhornten Federn sind tote Gebilde, die sich innerhalb einer bestimmten Zeit durch Gebrauch abnützen, aber nicht mehr nachwachsen können. Zu ganz bestimmten Zeiten und meist auch in geregelter Abfolge fallen daher alte Federn aus und neue wachsen allmählich nach. Dadurch entstehen Lücken, die sich erst nach einiger Zeit wieder schließen. Bei großen Greifvögeln, z.B. Bussarden oder Adlern, kann man während des Segel- oder Gleitfluges immer wieder sym-

metrische Gefiederlücken im Flügel beobachten. See- oder Steinadler mausern ihre Schwung- und Steuerfedern sehr langsam nach und nach über das ganze Jahr verteilt und nicht jede dieser großen Federn wird jedes Jahr gewechselt. So verteilt sich das Risiko, durch Federausfall behindert zu werden, über einen langen Zeitraum und wird nie so groß, daß es die Jagd ernsthaft beeinträchtigen könnte.

Der Sperber muß innerhalb einer bestimmten Zeit im Jahr damit fertig werden. Beim Weibchen bietet sich dafür die Zeit des Innendienstes an, während der es nicht zur Jagd fliegen muß. Das Sperbermännchen verschiebt dagegen seine Großgefiedermauser in die Zeit, in der die Jungen allmählich selbständig werden und nicht mehr von seiner Jagd abhängen. Es braucht dann natürlich auch längere Zeit dafür.

So bestimmt die wohlabgewogene Arbeitsteilung zwischen Männchen und Weibchen einen raffinierten Zeitplan. Wenn die Jungen im Nest herangewachsen sind, beteiligt sich auch das Weibchen mit neuen Schwungfedern allmählich wieder an der Jagd, meist etwa drei Wochen nach dem Schlüpfen. Jetzt brauchen dann auch die in das Nest eingetragenen Beutetiere nicht mehr zerlegt zu werden, da die Jungen ihre ersten Kenntnisse eines Jägers, nämlich das Zerlegen der Beute, erlernen. Noch eine geraume Zeit nach dem Ausfliegen benötigen sie aber, um die Jagd so perfekt zu beherrschen, daß sie für sich selber sorgen und vor allem auch den ersten gefährlichen Winter überleben können.

Ein Rohrweihenpärchen beim Balzspiel über dem Nestrevier. Deutlich kann man erkennen, daß das Männchen (oben) kleiner ist als das dunkelbraune Weibchen.

Rollenspiele der Partner

Ganz ähnlich wie beim Sperber funktioniert auch die Arbeitsteilung des Habichtspaares einschließlich der Schwingenmauser des Weibchens während des Nestaufenthaltes. Auch die kleineren Männchen fast aller anderen heimischen Greifvögel sorgen schon einige Zeit vor der Eiablage für die Ernährung ihrer Weibchen und bei vielen entscheidet die Leistung des Männchens, ob es später im Jahr wirklich Familienvater wird. Nicht immer freilich ist der Zeitpunkt des Gefiederwechsels so eng mit der Arbeitsteilung verknüpft wie bei Sperber und Habicht. Meistens mausern aber die Weibchen etwas eher als die Männchen, die damit warten müssen, bis ihre Aufgabe der Nahrungsversorgung leichter geworden ist. Besonders bei den eleganten Weihen sieht die Futterübergabe geradezu spielerisch aus und wurde lange Zeit als eine Art Balz betrachtet. Das »Balzfüttern« aber ist, wie man inzwischen weiß, weit mehr als nur die Bekundung einer Art Zuneigung oder zumindest friedlicher Absichten. Weihenweibchen fliegen oft dem mit Futter ankommenden Männchen entgegen, werfen sich in der Luft unter ihm auf den Rücken, um das aus seinen Fängen herabfallende Beutetier aufzufangen oder es auch geschickt aus seinen lang herabhängenden Füßen entgegenzunehmen. Beim Nest-

Das Männchen der Rohrweihe schleppt Material zum Nestbau heran; den Bau des Nestes übernimmt dann das Weibchen.

47

bau sind Weihenmännchen dann häufig die Zuträger des Materials; das Weibchen besorgt seinen Einbau. Sind die Eier gelegt, brüten Weihenweibchen allein, das Männchen bringt Nahrung und versorgt auch mindestens die ersten beiden Wochen die gesamte Familie.

*A*uch bei den Turmfalken sind die Männchen allein für die Ernährung des Weibchens verantwortlich und brüten auch nicht. Es ist also kein Zufall, wenn man im Frühsommer über Äckern und Wiesen hauptsächlich die am grauen Oberkopf und grauem Oberschwanz sowie am leuchtend rostroten Rükken leicht kenntlichen Männchen auf der Jagd sieht. Drei- bis fünfmal am Tag übergibt der Terzel dem brütenden Weibchen Futter, meist in der Nähe des Nestes. Ein eigener Lockruf, ein hohes »kikiki«, holt das ruhig auf seinen Eiern dösende Weibchen vom Nest zur Übergabe. Nicht selten deckt das Männchen die Eier, solange das Weibchen die Beute frißt.
Sind die Jungen geschlüpft, bringt das Weibchen die vom Männchen herangetragene und ihm außerhalb des Nestes übergebene Beute zu den Jungen. Wie beim Sperber werden den kleinen Nestlingen vom Weibchen schnabelgerechte Bissen vorgehalten. Zunächst erhalten die Jungen von den erbeuteten Mäusen nur Muskelfleisch; Eingeweide, Knochen und Fellstücke schlingt das Weibchen selbst hinunter. Sind die Jungen etwas größer, werden ihnen

auch unverdauliche Bestandteile der Beute vorgehalten.
Ist das Beuteangebot in den Jagdgründen hoch und die Jagd daher erfolgreich, schleppen Männchen auch oft mehr Nahrung an, als im Moment gebraucht wird. Beute, die das Weibchen dann nicht mehr annimmt, legt das Männchen in Nestnähe ab. Man kann also manchmal mehrere tote Mäuse in einem von Turmfalken bewohnten Mauerloch oder Nistkasten finden.
Sind hungrige Nestlinge zu versorgen, muß das Männchen schwer arbeiten. Ein etwas älterer Nestling braucht etwa drei Mäuse pro Tag, um nicht nur sein Gewicht zu halten,

Das Gelege des Turmfalken. Nur wenn das Weibchen vor der Eiablage vom Männchen mit Nahrung gut versorgt wurde, kann es ein großes Gelege von mehr als 4 Eiern zeitigen.

Erst wenn die Jungen etwas herangewachsen sind, fliegen auch Turmfalkenweibchen auf die Jagd. Neben Mäusen erbeuten sie mitunter kleine Reptilien, wie hier eine Eidechse.

sondern auch noch etwas zuzunehmen; bei fünf Nestlingen kann sich der Tagesverzehr schon auf etwa 20 Mäuse belaufen. Dazu kommt natürlich noch der Bedarf der beiden Altvögel, der etwa mit drei bis fünf Mäusen pro Tag und Vogel anzusetzen ist. Täglich ist das Turmfalkenmännchen etwa vier Stunden mit der Jagd beschäftigt. Nach mindestens 14 Tagen hört das Weibchen mit der Zerkleinerung der Beute für die Jungen auf und beendet damit auch die Arbeitsteilung. Das Männchen ist jetzt pro Tag etwa fünf Stunden auf der Jagd, um eine durchschnittliche Brut von etwa vier Jungvögeln zu versorgen; das Weibchen kann seine Leistung auf maximal etwa zweieinhalb Stunden steigern.

Es scheint also, als ob die Greifvogelmännchen kein leichtes Los gezogen haben als alleinige Ernährer ihrer Weibchen und ihrer Familie. Doch andererseits besetzen die »schwachen« Männchen eine Schlüsselposition in der Fortpflanzung: Ohne ihre Leistung haben auch die »starken« Weibchen keine Chance, Nachwuchs großzuziehen. Wer ist also nun das »starke« Geschlecht?

Ein dunkler Schnabel mit heller Wachshaut kennzeichnet das Gesicht des Steinadlers.

Die Größten im Lande

»Die größten Raubvögel, welche selbst erworbene Beute genießen und nur ausnahmsweise Aas angehen, werden Adler genannt.« Diese Weisheit des Alfred E. Brehm hat sein Tierleben weit mehr als hundert Jahre überlebt. Doch das, was wir Adler nennen, gehört aus zoologischer Sicht zu den verschiedensten Gruppen innerhalb der Greifvögel. Und manche zählen keineswegs zu den größten, wie etwa Schlangenadler und Fischadler, deren Namen eigentlich viel mächtigere Vogelgestalten vermuten lassen. Der südeuropäische Zwergadler macht seinem Namen alle Ehre und ist sogar kleiner als ein Mäuse- oder Wespenbussard. Noch größer als die größten Adler allerdings sind in Europa Bart-, Gänse- und Mönchsgeier, die aber als Jäger nicht von sich reden machen, sondern als Suchtypen ausgelegt sind. Sie bestreiten ihren Lebensunterhalt nicht aus eigener Jagd.

Von den eigentlichen Adlern der Gattung *Aquila* brüten in Deutschland zwei Arten. Relativ wenig bekannt ist der kleinere Schreiadler, der im Osten, vor allem von Brandenburg bis Mecklenburg-Vorpommern in insgesamt etwa 100, vielleicht auch bis zu 130 Paaren brütet. Goetz Rheinwald schreibt in seinem 1993 erschienenen Brutvogelatlas der Vögel Deutschlands allerdings wenig optimistisch: »Es muß befürchtet werden, daß der Schreiadler unter dem verstärkten Druck von Horstplünderern und Freizeittouristen den derzeitigen Status nicht halten kann.« Dem nah verwandten Steinadler in den Alpen scheint es erfreulicherweise etwas besser zu gehen.

Gemeinsam sind den Großen im Lande, unabhängig von ihrer zoologischen Verwandtschaft, einige Eigenschaften, die sie bedauerlicherweise besonders anfällig machen in einer Zeit des Landschaftsverbrauchs, der enorm gestiegenen Störungen und vor allem der oft sehr raschen Veränderungen, die nicht nur sie, sondern auch ihre Beutetiere betreffen. Alle brauchen viel Platz und sind daher von Natur aus selten. Natürliche Feinde außer der Konkurrenz von Artgenossen haben sie kaum zu befürchten; folglich ist ihr Nachwuchs gering. Die Natur setzt vielmehr auf hohes individuelles Lebensalter. »Adler« können sehr alt werden, erreichen vor allem in der Regel frühe-

stens mit vier Jahren die Geschlechtsreife. Geringer Nachwuchs, dafür potentiell hohes Lebensalter, sind nicht geeignet, hohe Verluste rasch auszugleichen. Schutzmaßnahmen für große Greifvögel können also bestenfalls langfristig mit Erfolgen rechnen. Zeit aber hat heute keiner mehr. Langfristige Investitionen in zweifelhafte Rettungsaktionen, ohne der Öffentlichkeit baldige Erfolgsmeldungen präsentieren zu können, gefährden Schutzprojekte, besonders in Zeiten knapper finanzieller Mittel. Und im Lauf der Jahre kann längst wieder eine neue Katastrophe eingetreten sein, bevor sich einigermaßen erhaltungsfähige Bestände neu aufgebaut haben.

Die mächtigen Gänsegeier sind keine gefährlichen Jäger, sondern Sucher, die auf ihren großen Schwingen weite Strecken zurücklegen können.

Günstige Sitzwarten sind begehrt. Der sitzende Gänsegeier droht einen landenden Artgenossen an.

Seeadler: Wappen- und Nationalvögel

»Größter Greifvogel Nordeuropas, hinterläßt immer einen überwältigenden Eindruck« schreibt lakonisch ein modernes Bestimmungsbuch der Vögel Europas. Und so wurde der Seeadler, obwohl nur auf ein paar wenige Brutpaare im Osten Schleswig-Holsteins beschränkt, 1950 zum Wappenvogel der nach dem Zweiten Weltkrieg neu gegründeten Bundesrepublik Deutschland. Man übernahm den Adler, der von Karl dem Großen zum kaiserlichen Wahrzeichen und bereits im 12. Jahrhundert zum Deutschen Reichswappen erklärt wurde. Er wurde als »preußischer« Adler und damit eindeutig als Seeadler auch zum Wappenvogel des Deutschen Reiches von 1871. Natürlich sind nicht alle der im deutschen Raum symbolträchtigen und heraldisch entfremdeten Adler ornithologisch einwandfrei zu bestimmen; doch der im Bundestag über dem Parlament schwebende Adler trägt unverkennbare Seeadlermerkmale. Heute sind mit den neuen Bundesländern vor allem in Mecklenburg-Vorpommern mit Ausläufern nach Brandenburg, Sachsen-Anhalt, Sachsen und Thüringen noch weit über 100 Paare des mächtigen Vogels dazugekommen, deren Erhaltung (hoffentlich!) ein besonderes nationales Anliegen ist. Jedenfalls wachen Seeadler überall auf den amtlichen Schildern über deutsche Naturschutzgebiete.

Auch jenseits des »Großen Teiches« ist ein Seeadler zu großen Ehren gekommen. Der Weißkopfseeadler oder »Bald Eagle« war schon vor der Eroberung Nordamerikas durch die Europäer ein Symbol, z. B. bei den Irokesen. Es wurde von den Vätern des sich von Europa loslösenden Amerika übernommen, allerdings nicht ohne heftigen Widerspruch. Bereits 1776 erschien der »Bald Eagle« zum ersten Mal auf einer amerikanischen Geldmünze. 1782 wurde er von einer Kommission unter Leitung von Benjamin Franklin zum Wappenvogel Nordamerikas erklärt, etwa fünf Jahre vor der endgültigen Verfassung der USA.

Aber die Geschichte des Weißkopfseeadlers hat auch ihre »dunklen« Punkte: Franklin und auch der berühmte amerikanische Ornithologe und Vogelmaler J. J. Audubon meinten, der Vogel könne in moralischer Hinsicht nicht eben als Vorbild gelten, da er unredlich und feige sei. So hatten Franklin und einige andere den Truthahn als typisches Symbol für Nordamerika bevorzugt, das einzige Haustier, das von Nordamerika aus die Welt eroberte. Truthahnanhänger soll es heute noch geben. Auch der in Amerika verbreitete Steinadler versuchte wie in Mitteleuropa immer wieder dem Seeadler den Rang abzulaufen. Er konnte sich regional dort durchsetzen, wo Seeadler unbekannt, Steinadler jedoch ein altes Symbol der Landschaft waren, nämlich im Gebirge. Wie dem auch sei: Kulturgeschichtlich wurde der Adler zum Symbol des amerikanischen Einflusses im weiten angelsächsischen Sprachbereich. Und so brachte »Eagle« 1969 die ersten Menschen auf den Mond – Amerikaner.

Der größte Adler Europas: Erst mit 8 bis 10 Jahren wird beim Seeadler die Regenbogenhaut im Auge gelb und das Kopfgefieder hell.

Für die vielen Safarifreunde Ostafrikas ist der ebenfalls weißköpfige Schreiseeadler mit seinem melodischen Jodeln zu einem Symbol geworden. Und vom größten der Sippe, dem sagenumwobenen Riesenseeadler an der Pazifikküste Sibiriens, kommen jetzt nach der politischen Umwälzung in Asien immer mehr Nachrichten und Filme nach Westeuropa. Er ist dabei, sich im Reich des russischen Bären seinen Platz als Attraktion des Naturtourismus zu schaffen. Bleibt nur zu hoffen, daß er die Entwicklung überlebt.

*R*echteckige, von der Wurzel bis zur Spitze gleichbreite Flügel, die weit über zwei Meter spannen und in breit gefingerten Spitzen enden, bestimmen das Flugbild »unseres« Seeadlers. Erst nach vier bis fünf Jahren ist das typische Alterskleid entwickelt, mit dem kurzen, weißen und keilförmigen Schwanz und dem auffallend hohen, gelben Schnabel unverkennbar. Die für Seeadler typische gelbe Regenbogenhaut im Auge ist sogar erst nach acht bis zehn Jahren sichtbar. In den ersten vier Lebensjahren sind die Vögel meist etwas scheckig, mit dunklem Schnabel und dunklem kurzen Schwanz. Man kann sie durchaus mit anderen großen Adlern verwechseln, wenn man nicht genauer hinsieht. Erlebnisse mit Seeadlern beschränken sich für die Vogelbeobachter in Mitteleuropa vor allem auf den Ostseeraum und das anschließende Binnenland, in der weiteren Nachbar-

55

Weithin leuchten die mächtigen gelben Schnäbel des Seeadler-paares. Fast 2,5 Meter Spannweite können die breiten, brettartigen Flügel erreichen.

schaft auf Skandinavien und Osteuropa. Einzelne Vögel erscheinen aber im Winterhalbjahr fast regelmäßig auch außerhalb ihrer Brutgebiete an großen Seen bis an den Alpenrand.

Ansitzjagd ist ihre häufigste Methode, Beute zu machen. Wenn der gewaltige, bei der Jagd übrigens gar nicht mehr so schwerfällig wirkende Vogel, überraschend über dem See auftaucht, kommt überstürzte Bewegung in die Menge der rastenden Wasservögel. Durch hastiges Auffliegen – Bläßhühner und Tauchenten müssen dazu erst einen längeren Anlauf unternehmen – und Abtauchen suchen sich alle in Sicherheit zu bringen. Fliegende Vögel haben vom mächtigen Adler kaum etwas zu befürchten, Tauchen jedoch nützt oft wenig. Hier arbeitet die Zeit für den Adler, wenn er beim Auftauchen sofort wieder zur Stelle ist und ohne lange Atempause wieder ein rasches Untertauchen erzwingt. Systematisch ermüden jagende Seeadler auf diese Weise ihr Opfer, bis sie es erschöpft von der Wasseroberfläche aufnehmen können. Manchmal dauert eine solche Jagd mit vielen vergeblichen Zustößen über dem win-

terlichen See so lange, daß auch der Seeadler sich erschöpft und schließlich aufgibt.

Eine andere Abwehrstrategie setzt auf Zusammenhalt der Schwachen: Wenn ein Seeadler auftaucht, rücken schwimmende Bläßhühner zu einem dichten Trupp auf Tuchfühlung zusammen, so daß die zupackenden Fänge sich nicht auf ein bestimmtes Ziel konzentrieren können, und der Adler unverrichteter Dinge weiterfliegt.

*S*eeadler zählen zu den vielseitigsten Wirbeltierjägern Europas. Sie jagen Vögel von der Größe eines Möwenkükens bis zu ausgewachsenen Gänsen, Reihern oder Schwänen und Säugetiere von Mäusen und Lemmingen bis Hund, Fuchs oder kleinem Reh. Zwischen einem halben und etwa drei Kilogramm liegen die meisten Beutetiere, mindestens bis fünf Kilogramm kann der Adler noch durch die Luft schleppen, bis zu zehn Kilogramm wenigstens noch schleifend fortbewegen. Fische werden von mittelgroßen Weißfischen bis zu fünf Kilogramm schweren Karpfen und Hechten aus dem Wasser geholt. Zum Fang großer Fische senkt der Seeadler mitunter schon einige Meter vor Erreichen der Beute seine Fänge ins Wasser, um dann wie mit Enterhaken beim Passieren die Beute zu greifen und aus dem Wasser zu holen.

Fische scheinen vor allem im Frühjahr eine wichtige Rolle zu spielen, im Frühsommer dann brütende und ungeschickte junge Wasservögel. Aber damit noch nicht genug. Vor allem im Winter finden sich Seeadler an Fallwild und Aas ein. Dies hat man ausgenutzt, um in der Zeit der noch allzu unbekümmerten Anwendung von Pestiziden Seeadler mit giftfreiem Fleisch zu füttern. Und schließlich jagen sie auch noch anderen Greifvögeln Beute ab; viele kleinere Vögel, die Seeadler kaum selbst schlagen können, gelangen so in ihren Besitz.

Seeadlerhorste stehen in Mitteleuropa auf mächtigen Bäumen, mehr oder minder weit vom Wasser entfernt, aber nach Möglichkeit mit freiem An- und Abflug. Kiefern, Buchen oder Eichen sind bei uns bevorzugte Nistbäume; die Horste stehen kaum weniger als zehn bis 15 Meter über Grund. Doch nicht überall gelten solche festen Regeln. Dort wo Seeadler ungestört vom Menschen ihre Jungen aufziehen können, stehen die Horste auch auf Felsklippen am Meer oder gar auf dem Boden, wie etwa in Skandinavien oder in den Weiten Sibiriens.

Bis zu drei Eier kann ein Gelege umfassen, und meistens fliegen ein oder zwei Junge, selten auch einmal drei nach etwa 90 Tagen Nestlingszeit aus. Nach dem Ausfliegen werden die Jungen noch vier bis fünf Wochen von den Eltern versorgt. Rechnet man die Zeit der Bebrütung dazu, vergehen von der Eiablage bis zur Selbständigkeit der Jungen mindestens fünf Monate. Die Großen im Lande müssen also früh im Jahr mit dem Brutgeschäft beginnen, denn ihre Zeit wird knapp bis zum kommenden Winter.

Brutbeginn im Winter: Steinadler

Das gilt auch für den Steinadler der Alpen. Schon im März, wenn der Bergwinter noch kaum Anzeichen des nahenden Frühjahrs erkennen läßt, liegen ein oder zwei Adlereier in der Nestburg. Aber nur dann, wenn das Männchen sein Weibchen gut mit Nahrung versorgen konnte. Der Spätwinter ist dafür keine so ungünstige Zeit, wie es auf den ersten Blick scheinen mag. Nach einem harten und vor allem schneereichen Winter sind viele pflanzenfressende Huftiere etwas geschwächt und werden leichter eine Beute des Adlers, Jährlinge der Gemsen etwa, aber auch Rehe. Aus Schneelawinen apert mit den Strahlen der noch schwachen Vorfrühlingssonne Fallwild aus.

Für manche Adlerpaare spielen in der Spätwinterzeit tote oder stark geschwächte Tiere eine wichtige Nahrungsgrundlage, ehe das Frühjahr

Das tiefliegende braune Auge des Steinadlers scheint weit in die Ferne gerichtet. Der Oberschnabel krümmt sich zu einem kräftigen Reißhaken, der die Beute aufschneidet. Junge Gemsen, Schneehasen, Murmeltiere und Rauhfußhühner bilden die Hauptnahrung in den Alpen.

Zu riesigen Nestburgen wachsen Adlerhorste im Lauf der Jahre heran, denn sie werden jedes Jahr neu mit frischen Zweigen belegt. Dem Jungadler sind bereits Schwingen und Schwanzfedern gewachsen; Kopf und Brust bedeckt noch heller Flaum.

mit Rauhfußhühnern, Murmeltieren oder Schneehasen wieder gute Jagd verspricht. Und so erklärt sich auch die Merkwürdigkeit, daß nach der Häufung milder und vor allem schneearmer Winter im letzten Jahrzehnt in manchen Gebieten der Alpen, in denen z.B. keine Murmeltiere als Jungennahrung zur Verfügung standen, der Nachwuchs besonders niedrig war. Sind die Voraussetzungen für einen Brutbeginn ungünstig, verzichtet das Paar auf die Eiablage.

Der Horst wird mit frischen Zweigen belegt, aber zu einer Eiablage kommt es dann nicht, zumal auch Artgenossen, die noch kein festes Revier haben, zu vertreiben sind.
In Alpenabschnitten, die heute wieder einen guten Adlerbestand aufweisen, sind solche Auseinandersetzungen, die in einer kritischen Phase des Adlerjahres relativ viel Kraft kosten, gang und gäbe, so daß allzuviele Revierauseinandersetzungen das Männchen von der Versorgung

seines Weibchens abhalten. Wenig Nachwuchs als Folge hoher Dichte von Altvögeln ist eine Form der innerartlichen Regulation, die offenbar beim Steinadler sehr gut greift und eine »Überhandnahme« gar nicht aufkommen läßt, wenn viele Adler überlebt haben.

*I*n manchen Teilen der Alpen geht es dem Adler heute sicher besser als noch zu Zeiten, in denen es eine stolze Mannestat war, möglichst viele der großen Greifvögel zu erlegen. Der berüchtigte Adlerjäger Leo Dorn hat es in der zweiten Hälfte des 19. Jahrhunderts allein im Allgäu wohl auf über 100 Steinadler gebracht. Jedenfalls hatte er den Ehrgeiz, jedes Jahr mindestens einen Adler zu schießen und brachte es z. B. 1887 allein auf neun erlegte Steinadler. Die Presse feierte seine »Rekorde«.

Heute lauern andere Gefahren, denen auch der »König der Berge« nicht entkommt. So sind in den letzten Jahren immer wieder tote Adler in den Bayerischen Alpen gefunden worden, denen äußerlich nichts zu fehlen schien, die aber offensichtlich in schlechtem Ernährungszustand waren. Ob die Ausweitung der Bergbahnen mit Zehntausenden von Schifahrern daran ihren Anteil hat, weil sie die winterlichen Jagdgründe stört? Manche Adlerbruten gehen auch zugrunde, weil militärische oder zivile Hubschrauber dicht an den Horstwänden vorbeibrausen.

Die rauhen Verhältnisse, in denen

Steinadler von Natur aus zu leben haben, begrenzen ihren Nachwuchs. Im Unterschied zu Seeadlern liegen fast immer nur zwei Eier in ihren Horsten. Aber meist wird nur ein Nestling flügge. Sobald die Jungen etwa ab einem Alter von 10 bis 14 Tagen sehen können, beginnen zwischen ihnen lebensbedrohende Auseinandersetzungen, die meist mit dem Tod des schwächeren enden, das in der Regel ein paar Tage später geschlüpft ist. Die Eltern greifen in diese Auseinandersetzungen nicht ein, die erst dann aufhören, wenn die Jungen selbst kleine Nahrungsstük-

Der kleinste aus der engeren Adlerverwandtschaft ist der Schreiadler. Er brütet noch in Ostdeutschland.

ke von den eingebrachten Beutetieren aufnehmen können. Der Geschwistermord, der auch in den Horsten mancher anderer Adlerarten, die mit dem Steinadler näher verwandt sind, ganz regelmäßig vorkommt, scheint eine Art Regulationsvorgang zu sein. Er sorgt dafür, daß nur bei entsprechend guten Verhältnissen zwei kräftige Adlerjunge die Chance haben, den Horst zu verlassen. Sonst ist es sinnvoller, lieber auf das Gedeihen eines überlebensfähigen Jungen zu setzen. Die grausam erscheinende Art der Familienplanung zeigt, wie schwer es der große Greifvogel hat, ganzjährig in seinem Revier in der kargen Natur der Hochalpen auszukommen.

*H*eute umfassen in gut besiedelten Alpengebieten die Reviere eines Adlerpaares etwa 70 bis 80 Quadratkilometer, manchmal sogar nur 50 bis 60. Auch 100 Quadratkilometer sind keine Seltenheit. Wenn manche Fachleute davon sprechen, die Alpen seien mit Adlern gesättigt, ist das also sehr relativ zu sehen. Es gibt kaum einen Vogel in Mitteleuropa, der ständig ebensoviel Platz braucht wie dieser große Greifvogel des Hochgebirges. Meist ab Oktober wird der Jungadler von seinen Eltern aus dem Revier vertrieben. Dann beginnt für ihn mit dem ersten Winter eine harte Zeit. Mehrere Jahre müssen die jüngeren Adler außerhalb der Reviere warten, bis ein Altadler ausfällt und für sie ein Platz frei wird.

Die meisten Adlerhorste in den Alpen stehen in steilen Felswänden. Meist verfügt ein Paar über mehrere Horstplätze, die im unregelmäßigen Wechsel benutzt werden. Manchmal stehen auch in den Alpen Adlerhorste auf großen Fichten oder Tannen. Solche Baumhorste haben aber meist keine ähnlich lange Lebensdauer wie große Horstburgen in geschützten Felsnischen. Solche Horstburgen sind nicht nur sturmsicher, sondern bieten auch dem heranwachsenden Jungen Schutz vor kalten Witterungsrückschlägen.

Lange Zeit hat man die Zahl der innerhalb der Grenzen Deutschlands brütenden Steinadler viel zu niedrig angegeben, teils, weil man nicht alle Reviere kannte, teils, weil man wider besseren Wissens die Zahlen niedrig hielt. Man fürchtete, zu hohe Zahlen würden wieder sattsam bekannte Übergriffe provozieren. Daher war es für viele überraschend, als eine zum ersten Mal annähernd vollständige Schätzung in den Bayerischen Alpen immerhin 48 bis 50 besetzte Reviere ergab, wobei allerdings einige sich natürlich auch auf österreichischen Boden erstrecken. Nur in wenigen aber fliegen Junge aus, so daß kein Grund besteht, die Zukunft eines Wahrzeichens der mitteleuropäischen Hochgebirgslandschaft allzu rosig zu sehen, wenn auch im Augenblick keine unmittelbare Gefahr droht. Die Erhaltung der Alpen als einen europäischen Naturraum, derzeit in vielen internationalen Gremien so heftig diskutiert und beschworen, kann nur dann als gesichert gelten, wenn auch der Steinadler eine Überlebenschance hat.

Ein Fischadler startet vom nahen Landeplatz zum Horst: Der geköpfte Fisch wird an die Jungen verfüttert.

Spezialisten unter sich

Zu den seltensten Greifvögeln der Welt, die möglicherweise die Jahrtausendwende nicht mehr in Freiheit überleben, zählt der riesige Affenadler, der nur noch auf einigen Inseln der Philippinen in Resten ursprünglicher Waldbestände lebt. Auf höchstens 200 Vögel wurde der Restbestand vor einiger Zeit noch geschätzt. Kurze Flügel und langer Schwanz weisen den großen Adler mit seinem wohl einmalig mächtigen und hohen Schnabel als einen spezialisierten Waldjäger aus, der in den Bäumen vor allem Affen und Lemuren jagt, aber auch Nashornvögel und sogar kleine Hirsche erbeuten kann. Er ist also keineswegs ein ausgesprochener Nahrungsspezialist, doch sein Schicksal, das der Mensch durch Jagd, Verfolgung und vor allem Abholzung von Inselwäldern verschuldet hat, hängt von der Erhaltung ganz bestimmter Waldformen seiner tropischen Inselheimat ab. Er ist ein Lebensraumspezialist, der von Natur aus immer ein kleines Verbreitungsgebiet besiedelte.

Auffallend langer Hakenschnabel und im Verhältnis zum Körper besonders breite Flügel, die kaum gewandtes Fliegen, dafür aber besonders energiesparenden langsamen Suchflug zulassen, sind einige der charakteristischen Merkmale des amerikanischen Schneckenweih. Er ist ein Nahrungsspezialist, denn er lebt vor allem von Wasserschnecken der Gattung *Pomacea*. Sobald er eine entdeckt hat, schwenkt er nach unten, packt das Gehäuse mit seinen langen schlanken Zehen und trägt es zu einer Sitzwarte. Der auffällig lange Hakenschnabel dient als Schneckenbesteck und löst den Körper des Weichtiers aus der Schale. Schneckenweihen brüten von Florida, Mexiko und Kuba bis nach Argentinien, haben also ein relativ großes Verbreitungsgebiet in den feuchten Tropen. Der seltsame Vogel ist demnach nicht ganz so eng an einen kleinen geographischen Bereich gebunden wie der Affenadler und findet in Feuchtgebieten verschiedener Gebiete seine Lebensgrundlagen.

Es ist kein Zufall, daß sowohl Nahrungs- als auch besonders Lebensraumspezialisten unter den Greifvögeln vor allem in Gebieten mit wärmerem Klima und damit größtenteils in den Tropen leben. Denn sie sind mit ihren sehr eng begrenzten Möglichkeiten an bestimmte Gegebenheiten gebunden, die in Zonen mit stark wechselnden Jahreszeiten kaum das ganze Jahr über konstant bleiben können. Nahrungsspezialisten in höheren Breiten müssen daher ungünstigen Jahreszeiten ausweichen, und so ist es kein Wunder, daß einige der Spezialisten, wie z. B. Wespenbussard und Fischadler bei uns, zu den wenigen Langstreckenziehern unter den Greifvögeln zählen.

Der Schwarzmilan ist kein eigentlicher Spezialist. Aber es gibt unter den mitteleuropäischen Greifvögeln keinen anderen, der so regelmäßig wie er Müllkippen aufsucht und als Abfallverwerter sein Leben bestreitet.

64

Mit beiden Füßen packt der Fischadler seine Beute und trägt sie, der Länge nach ausgerichtet, zu einem Kröpfplatz oder zu den Jungen im Horst.

Fast ein Weltbürger: Fischadler

»Der Beutefang des Fischadlers unterscheidet sich ganz wesentlich von allen anderen Jagdmethoden der Taggreifvögel: Der Stoß geht ins Wasser und dazu auf oftmals nur schwer erkennbare Beute.« So beginnt Georg Rüppell eine 20 Seiten lange wissenschaftliche Analyse des Beutefangs des Fischadlers. Es gibt, vor allem in wärmeren Ländern, zwar eine Reihe von Greifvögeln, in deren Ernährung Fische ein große Rolle spielen, z.B. bei mehreren Arten aus der Verwandtschaft des Seeadlers. Kaum einer ist jedoch so ausschließlich auf Fische angewiesen wie der Fischadler. Seine Jagdmethode ist das Stoßtauchen mit angelegten Flügeln aus dem langsamen Suchflug heraus.

Die anatomischen Spezialisierungen sind bei ihm so deutlich, daß die zoologischen Systematiker ihn häufig als einzigen in eine eigene Familie der Greifvögel stecken. Und diese Spezialisierung konzentriert sich vor allem auf das den Zugriff zur Beute ausführende Organ, den Fuß. Die Füße des Fischadlers sind auffällig kräftig und gedrungen. Die Unterseite von Lauf und Zehen besetzen kleine rauhe Schuppen, die an der Unterseite, besonders an den sich hervorwölbenden Gelenkballen, zu spitzen Dornen ausgezogen sind. Sie sorgen dafür, daß der glitschige Fisch nicht so leicht entgleitet. Die Krallen sind sehr lang und schlank, dabei nadelspitz und besonders stark gekrümmt; sie wirken wie Haken. Die innere Zehe kann als Wendezehe nach hinten geschlagen werden, so daß ein gegriffener Fischkörper von jeder Seite mit zwei Haken gesichert wird.

Das Gefieder ist besonders hart und liegt dem Körper fest an; locker herabhängende Federn, etwa an den Schenkeln wie bei echten Adlern, fehlen. Während der Beutestöße kommen Federn zwangsläufig mit Wasser in Berührung. Das Gefieder ist daher so angelegt, daß es sich nicht so leicht vollsaugen kann und schwergeworden den Vogel dann am Aufsteigen hindern würde.

*S*pezialist sein, heißt nicht unbedingt, daß man nur an ganz wenigen Stellen der Erde leben kann.

65

Ein Fischadlerpaar an seinem Horst, der schon mehrere Jahre alt ist und immer wieder benutzt wird. Die stark gebogenen, nadelspitzen Krallen bilden eine fest zugreifende Klammer, denen auch ein glitschiger Fisch kaum entwischen kann.

Der Fischadler beweist sogar das ausgesprochene Gegenteil, denn er ist neben dem Wanderfalken, der allerdings viel mehr Unterarten bildet, wohl der am weitesten verbreitete Greifvogel der Welt. Die auch in Mitteleuropa brütende Unterart besiedelt mit Lücken den gesamten eurasischen Kontinent von West nach Ost, von Schottland und Skandinavien bis Kamtschatka, Sachalin und die Inseln Japans; im Süden finden sich Brutpopulationen noch am Roten Meer und am Persischen Golf. Eine weitere Unterart hat sich auf dem Ostteil Indonesiens, auf Neuguinea und den südpazifischen Inseln sowie an den Küsten Australiens angesiedelt. Auch in der Neuen Welt hat der Fischadler in einer anderen Unterart als in Europa ein weites Verbreitungsgebiet. Von Alaska bis an die Ostküste Kanadas und der USA und entlang der Atlantik- und der Pazifikküste bis in die Südstaaten ist er nicht selten. Weitere Populationen trifft man in Florida, im Norden Mittelamerikas und auf den Inseln der Karibik. Die Gesamtbevölkerung der Welt schätzte man um 1985 auf etwa 25 000 bis 30 000 Paare; das ist für einen großen Greifvogel eine beachtliche Populationsgröße.

Die meisten Fischadler leben in Gebieten mit vielen fischreichen Seen der höheren Breiten. So rechnet man mit über 10 000 Paaren in Alaska und Kanada sowie mit 2900 bis 3200 in Skandinavien und Finnland. Dagegen leben heute nur etwa 50 Paare im Mittelmeergebiet und seinen Randlandschaften. Der Bestand innerhalb der Grenzen Deutschlands mag sich gegenwärtig auf etwa 150 Paare belaufen; die meisten brüten in seenreichen Landstrichen Mecklenburg-Vorpommerns und Brandenburgs, einige noch in Sachsen.

Doch mit diesen Aufzählungen ist der Lebensraum des Fischadlers noch lange nicht ausreichend erfaßt. Gebiete mit klaren, fischreichen Seen und kühlen Meeresbuchten der höheren Breiten bis an den Südrand der Tundra frieren im Winter zu und fallen damit als Jagdgründe weitgehend aus. Fischadler sind deshalb im Norden Eurasiens und Amerikas ausgesprochene Zugvögel. Ihr riesiges Wintergebiet entspricht der weiten Brutverbreitung.

Die Wintergründe der meisten europäischen Brutvögel reichen in Afrika von der Savannenzone am Südrand der Sahara bis Südafrika; nordasiatische Brutvögel überwintern in Indien, auf der hinterindischen Halbinsel und auf den Inseln zwischen Asien und Australien einschließlich der Großen Sundainseln und der Philippinen. Die Nordamerikaner verbringen den Winter in einem Gebiet, das von Mittelamerika und der Karibik bis Nordargentinien und an der Pazifikküste sogar bis ins mittlere Chile reicht. Außer in Hochgebirgsregionen ohne größere stehende Gewässer oder in wasserlosen Steppen und Wüsten kann man also fast auf der ganzen Welt Fischadlern begegnen.

Liest man in wissenschaftlichen Handbüchern, daß noch zwei Monate nach den ersten Flugübungen im Horst junge Fischadler vom Männchen Fische zugetragen erhalten, wird rasch klar, daß der Beuteerwerb des schlanken Adlers offenbar mühsam erlernt werden muß. Zwar fischen auch junge Fischadler, die nie einem Altvogel zugesehen haben, sobald sie fliegen können, lernen aber die Technik, die ausreichender Erfolg voraussetzt, sehr langsam. Vor allem scheinen sich Jungadler zunächst davor zu scheuen, ins Wasser einzutauchen; ihre Ausbeute ist daher dementsprechend mager.

$\mathcal{A}$ber es geht nicht nur darum, eine schwer fixier- und faßbare Beute unter Wasser auch wirklich zu packen, sondern sie nach dem Treffer auch aus dem Wasser zu holen. Dabei muß der Adler nicht nur die Körpermasse des Fisches tragen, sondern auch noch gegen dessen Schwimmkraft ankämpfen, die schon bei großen Barschen oder Plötzen ganz beachtlich ist, bei den muskelreichen Forellen aber wahrscheinlich noch mehr Kraft als das Herausheben der Körpermasse fordert. Wahrscheinlich kann der Adler während seines Sturzfluges auf das Wasser herunter die Größe des Fisches und damit auch dessen Schwimmkraft gar nicht ganz genau

Während des Zuges zwischen Afrika und den nordeuropäischen Brut-plätzen sind Fischadler überall in Deutschland auf einer kurzen Rast zu erwarten.

abschätzen, da er sicher nicht alle Einzelheiten sieht. Trübes Wasser, aber auch bereits leichter Wind, der die Oberfläche kräuselt, beeinträchtigen die Jagd erheblich und lassen die Trefferquote sinken.

Bei solchen Ergebnissen und Überlegungen geraten wir in eine der Geschichten, die man sich seit alters von Greifvögeln erzählt und die immer wieder aufgewärmt werden, ohne daß dafür wirkliche Belege vorhanden sind. Man habe, so heißt es, frischtote Adler oder Skelette auf mehreren Kilogramm schweren Hechten oder Karpfen gefunden; die Fische hatten also ihren Feind mit in die Tiefe gezogen. Ein »tüchtiger« Fotograf, der viele Jahre lang Zeitschriften mit sensationellen Fotos belieferte, veröffentlichte sogar das Bild eines gefangenen Karpfens mit Fischadlerfängen und Skelettresten in einer deutschen Jagd- und Fischereizeitung. Da blieb dieses Bild aber nicht, sondern fand Jahre später mit einem gescheiten Aufsatz den Weg in eine weltbekannte englische ornithologische Fachzeitschrift. Eingeweihten war der Fotograf längst als geschickter Arrangeur bekannt, der mitunter auch ausgestopfte Tiere naturgerecht in die Landschaft zu »Naturdokumenten« plazierte. Die englischen Kollegen wußten davon natürlich nichts. Durch einige Zuschriften aufmerksam gemacht, übergaben sie das Foto Spezialisten des Britischen Museums zur Überprüfung. Ergebnis: Die abgebildeten Skelettreste stammten von einem Mäusebussard! Seither ist nicht mehr so viel über angeblich bei der Jagd ertrunkene Fischadler zu hören.

Die Wahrheit über den eleganten Fischjäger ist erstaunlich genug. Die Vorgänge beim Zugriff auf die Beute im Wasser laufen so rasch ab, daß erst die Auswertung von Filmstreifen und Fotos die Abläufe verdeutlicht. Beim Sturzflug streckt der Fischadler z. B. meist erst in der letzten halben Sekunde, bevor er ins Wasser eintaucht, seine gespreizten Füße vor; er kann einen Fehlstoß noch wenige Zentimeter über der Wasseroberfläche, also Zehntelsekunden vor dem Eintauchen abbrechen. Die Zehen schnappen durch Entspannung des Streckermuskels in nur 0,02 Sekunden zusammen und lassen daher auch einem schnellen Fisch, wenn er den Aufprall spürt, keine Chance mehr. Bis zu einer Sekunde sind die

Adler mitunter ganz im Wasser unter-
getaucht, ehe sie sich wieder abzu-
heben versuchen. Wenn sie eine
Beute gegriffen haben, die so kräftig
ist, daß sie nach einem oder zwei
Startversuchen nicht aus dem Wasser herauskommen, lassen die Fänge wieder los. Selten wird auch ein
Fisch in der Luft wieder fallengelas-
sen, wenn er zu schwer oder zu kräftig ist.

Ist der Fisch aus dem Was-
ser, trägt ihn der Adler meist kopfvor-
an zu einem geeigneten Kröpfplatz.
Beide Füße greifen hintereinander
vom Rücken her in die immer noch
zappelnde Beute. Nach einigen Me-
tern in der Luft aber wird der zügige
Flug kurz unterbrochen, denn der
Adler muß erst die Nässe aus dem
Gefieder schütteln. Dies geschieht,
wie Zeitlupenaufnahmen zeigen, in
festem Rhythmus, zuerst Kopf, dann
der Körper mit den Flügeln und zuletzt der Schwanz. Mit schweren
Schlägen seiner langen Flügel kann
dann erst der Adler seinen Ruheplatz
aufsuchen.

Normalerweise führt etwa jeder dritte Stoß zum Erfolg. Die größten Fische, die man als Beute nachwies,
wogen etwa zwei Kilogramm; 200 bis
500 Gramm sind offenbar die bevorzugte Beutemasse. Nur wenn die Gewässer noch zugefroren sind oder
trübes Schmelzwasser die Sicht behindert, jagen Fischadler auch kleinere Säugetiere und Wasservögel.
Die Jungen im Horst werden ausschließlich mit Fischen gefüttert.

Suchen und graben:
Wespenbussard

Auf den ersten Blick wesentlich viel-
seitiger als beim Nahrungsspezialisten Fischadler ist der Speisezettel
des Wespenbussards. Wespen und
ihre Brut bilden zwar seine Hauptnahrung vom Frühsommer bis in den
Frühherbst, aber auch andere Insekten in großer Zahl wie Käfer, Libellen,
Heuschrecken, Grillen oder Schmet-
terlingsraupen. Im Frühjahr oder bei
ungünstiger Witterung müssen Am-
phibien und Reptilien und auch ungeschickte Jungvögel und kleine
Säugetiere die Insektennahrung
weitgehend ersetzen. Und im Sommer pflücken die großen Greifvögel
sogar Beeren und Kirschen. Trotzdem gibt es keinen einheimischen
Greifvogel, ja sogar überhaupt keinen Vogel vergleichbarer Größe, der
ein so ausgeprägter Insektenjäger ist
wie der Wespenbussard.
Die Spezialisierung vor allem auf die
Nester sozial lebender Wespen hat
zur Folge, daß Wespenbussarde, die
in weiten Teilen Europas sowie im
südwestlichen Sibirien brüten, im
tropischen Afrika überwintern, also
ausgesprochene Langstreckenzieher
sind und erst spät im Jahr mit der
Brut beginnen können. Die meisten
Eier werden erst Ende Mai bis Mitte
Juni gelegt. Damit ist der Wespenbussard etwa eineinhalb Monate später dran als z. B. der von Kleinsäu-
gern lebende Mäusebussard. Nasse,
regenreiche Frühsommer machen
dem Insektensammler schwer zu
schaffen. Man findet nach längeren
Regenperioden mitunter völlig apa-

bussarde sehr alt werden; die ältesten Ringvögel in freier Natur erreichten fast 30 Jahre.

An den Wespennestern interessiert sich der Wespenbussard für Larven, Puppen und Vollinsekten, aber er schluckt auch schon mal ein Stück der Waben hinunter. Hat er im niedrigen Suchflug oder vom Ansitz aus Wespen entdeckt, die an einem Erdloch ein- und ausfliegen, streicht er zu Boden. Große Eile hat er nicht, denn die Beute fliegt ihm nicht davon. Mit einem oder mit beiden Füßen abwechselnd beginnt er den Boden aufzuscharren und nimmt dabei auch den Schnabel zu Hilfe. Liegt das Nest frei, wird der Inhalt sorgfältig aus den kleinen Kammern der Wabe geholt und verschluckt. Sind Junge zu versorgen, wird die Wabe mit dem nahrhaften Inhalt in den Fängen zum Horst getragen.

Größere Insekten, wie Heuschrecken oder Käfer, fängt der große Greifvogel auch auf Streifzügen zu Fuß; er erhascht seine kleine Beute in wendigen Sprüngen geschickt mit dem Schnabel. Erstaunlich, daß sich einer unserer größeren Greifvögel mit so »kleinem Zeug« als Nahrung überhaupt abgibt. Doch die mühsam scheinende Nahrungssuche bringt dem Außenseiter auch unbestreitbare Vorteile: Sein Beutefang ist im Durchschnitt viel weniger energieaufwendig als die Hatz auf schnelle Singvögel und tauchende Wasservögel, der Beutestoß auf flinke Säugetiere oder der Sturzflug auf kräftige Fische.

Wespenbussarde sind eigentlich mehr Sammler als Jäger. Und das macht sich auch in einigen Beson-

Ein Wespenbussard hat aus einem Bodenloch mit Hilfe seiner Scharrfüße ein Wespennest ausgegraben und verzehrt einzeln die fetten Larven, die er aus den Kammern der Wabe herausholt.

thisch dasitzende Wespenbussarde, die nicht ausreichend ernährt sind. In Sommern mit viel Niederschlägen geht daher auch häufig ein Großteil der Bruten zugrunde. Dieser Preis des Spezialistentums ist dennoch nicht zu hoch; auch Kleinsäugerjäger, wie Mäusebussard oder manche Eulen, müssen Jahre mit geringem Nahrungsangebot durch Brutausfall oder mit sehr geringem Bruterfolg überstehen. Wespenbussarde legen allerdings fast immer nur zwei Eier; ihre mittlere Nachwuchsrate ist also gering. Dafür können Wespen-

derheiten der Gestalt bemerkbar, die wir bei keinem anderen heimischen Greifvogel finden. Der Fuß ist weniger ein kräftiger Greiffuß mit zupackenden kräftigen Krallen, sondern mehr ein Fuß zum Scharren, wie er für Hühnervögel typisch ist. Der auch beim Wespenbussard unverkennbare Greifvogelschnabel ist relativ schwach und der Oberschnabel im Vergleich zu anderen Arten auffallend sanft gekrümmt. Wespenbussarde brauchen keinen messerscharfen und nadelspitzen Reißhaken wie Habicht, Mäusebussard oder Adler. Dafür sind spezielle Vorkehrungen nötig, um sie vor den stachelbewehrten Wespen zu schützen. Die äußeren Nasenöffnungen sind zu schmalen Schlitzen geworden, und das dichte, schuppenartige Gefieder zwischen Schnabelwurzel und Auge bildet einen Schutzpanzer vor den Angriffen der wehrhaften Insekten.

Ein Leben im offenen Land: Weihen

Weihen sind nicht gerade Nahrungsspezialisten, denn sie nehmen alles, was sie an Kleinvögeln, kleinen Säugetieren und auch Reptilien auf dem Boden erbeuten können. Von den drei mitteleuropäischen Arten wählt die kräftige Rohrweihe größere Beutetiere als die kleinere Korn- und vor allem die schlanke Wiesenweihe, bei der offenbar Insekten eine größere Rolle spielen können als bei den beiden anderen Arten. Rohrweihen jagen vielfach am Ufer von Seen, und daher fallen ihnen auch Wasservögel

bis zur Größe eines ausgewachsenen Bläßhuhns zum Opfer.

Alle drei Arten sind niedrig fliegende Suchtypen, denen selbst Kleinigkeiten am Boden nicht entgehen. Im Vergleich mit dem Speisezettel anderer Greifvögel, die ihre Beute vorzugsweise am Boden schlagen, fallen die Weihen vor allem dadurch auf, daß sie sich als ausgesprochene Nestplünderer betätigen und daher Vogelküken von Nestflüchtern sowie Nestlinge bodenbrütender Nesthocker wichtige Nahrungsbestandteile sind, vor allem in der ersten Hälfte der Brutzeit, wenn das schlankere Männchen Weibchen und Jungvögel zu versorgen hat. Weihen sind auch die einzigen mitteleuropäischen Greifvögel, bei denen Vogeleier zu den regelmäßigen Nahrungsbestandteilen zählen.

Lang vorgestreckter Kopf und längerer Schwanz unterscheiden im Flugbild den Wespenbussard vom sehr ähnlichen Mäusebussard.

*Die schlanke Wiesen-
weihe (hier ein Weibchen)
ist die kleinste unserer
heimischen Weihen,
die alle auf dem Boden
brüten und daher in der
Kulturlandschaft sehr
gefährdet sind.*

Die vielseitige Ernährung zwingt auch nicht alle Weihen zu weiten Zugwegen, um dem Winter auszuweichen. Kleine Landvögel und Säugetiere von der Maus bis zur Größe eines Kaninchens oder einer Ratte erlauben es der Kornweihe, bei uns auch zu überwintern. In manchen Gebieten Mitteleuropas tauchen die schlanken Vögel sogar nur als Wintergäste auf. Die Rohrweihe, vom Röhricht am offenen Wasser oder in Sumpfgebieten abhängig, ist teilweise nur Kurzstreckenzieher, der bereits in Südwesteuropa überwintert. Nur die Wiesenweihe zieht früh weg und kommt erst gegen Ende April aus ihren tropischen Winterquartieren südlich der Sahara wieder zurück.

So gut wie alle Greifvögel unserer Breiten legen ihre Eier in Nester auf hohen und manchmal auch dicht im Wald stehenden Bäumen, wie etwa Sperber und Habicht. Andere, wie Steinadler, Wander- und Turmfalke, brüten in Nischen oder auf Vorsprüngen in steilen Felswänden. Unsere Greifvögel sind also von senkrechten Strukturen abhängig, die ihren Eiern und Nestlingen einen gewissen Schutz vor Wetter und Nestplünderern versprechen. Hoher Neststandort erleichtert wohl auch den Start. Die Vögel brauchen sich nur mit ausgebreiteten Flügeln vom Nestrand aus fallen zu lassen, um gleich Luft unter die Schwingen zu bekommen. Bei schwer startenden breitflügeligen Arten kann eine günstige Nestlage die Alltagsarbeit sicher sehr erleichtern.

Demgegenüber sind Weihen – jedenfalls unter den Greifvögeln unserer Breiten – ganz auf das offene Land angewiesen, das sie auch für den Nestbau nicht verlassen. Korn- und Wiesen- sowie die osteuropäisch-asiatischen Steppenweihen legen ihre Nester am Boden an, vorwiegend auf trockenem Untergrund. Für Nestdeckung sorgen hohe Gräser, Staudenpflanzen und Zwergsträucher, auch junge Bäume, so daß z.B. Kornweihen auch mitunter in frisch angepflanzten Waldschonungen ihr Nest anlegen, allerdings kaum, wie ihr Name suggeriert, in Kornfeldern. Mitunter verzichten Weihen auch ganz auf Nestdeckung. Rohrweihen haben sich auf dichtes Röhricht spezialisiert, in das manchmal vom Rand her auch Wiesenweihen eindringen, um die Deckung der hochstehenden vorjährigen Halme zu nutzen. Gelegentlich nehmen Rohrweihen aber auch mit Weidenbüschen, hochstehenden Gräsern oder gar Getreidefeldern vorlieb, in denen auch mitunter Wiesenweihen ein Nest anlegen.

Weihen sitzen kaum einmal auf einem höheren Baum; ihre Ansitzwarten sind meist niedrige Pfosten, Büsche oder Erdhaufen. Auch zur Übernachtung suchen sie dichtes Röhricht oder Büsche auf. Sobald die Nestlinge groß genug sind, daß sie nicht mehr vom Weibchen bedeckt oder gewärmt werden müssen, beginnen sie sich vor allem bei heißer Sonneneinstrahlung in die Deckung der Nestumgebung zurückzuziehen. Mitunter führen kleine Gänge vom Nest aus in die während des Sommers höher gewordene Vegetation, aus denen sie dann wieder zur oft bereits recht niedergetretenen Nestplattform zurückkehren, sobald ein Altvogel mit Futter eingetroffen ist.

*V*egetationsdichte und -struktur auf offenen Flächen, insbesondere in der Flur unserer Kulturlandschaft, ändern sich oft rasch. Das gibt den Weihen die Möglichkeit, neuentstandene günstige Nistplätze zu besiedeln, sofern ergiebige Jagdgründe in der Nähe sind. Andererseits können sie sich nicht darauf verlassen, daß über Jahre hinweg an derselben Stelle Nistmöglichkeiten bestehen bleiben. Das hat dazu geführt, daß vor allem in Mitteleuropa, das ja von Natur aus kein Steppenland ist und in dem heute die landwirtschaftliche Bodennutzung das Bild der offenen Flächen bestimmt und oft in kurzer Zeit grundlegend verändert, Weihen häufig als recht unstete Brutvögel auftauchen. Vor allem Wiesenweihen nutzen mitunter ganz überraschend eine sich ergebende Brutmöglichkeit für kurze Zeit, um dann wieder für viele Jahre verschwunden zu sein. Mitunter rükken auch mehrere Paare zusammen, um eine günstige Gelegenheit zu nutzen. Ähnlich machen es Rohrweihen, die nur an großen Gewässern mit ausreichend großen und vor allem ungestörten Röhrichtzonen Daueransiedlungen halten können, dann aber mitunter in größerer Dichte brüten, weil die Jagdgebiete der Paare außerhalb der Nistflächen liegen. Die seltenste Weihe ist bei uns die Kornweihe, deren Gesamtbestand für Deutschland um 1985 auf weniger als 100 Paare geschätzt wurde.

Lebensraumspezialisten in einer sich rasch ändernden Umwelt müssen also flexibel sein, um ein größeres Gebiet auf Dauer besiedeln zu können. Wie die ausgesprochenen Nahrungsspezialisten sind sie aber alles andere als merkwürdige Außenseiter. Spezialisten haben nur Methoden entwickelt, im Zusammenleben vieler Arten Ressourcen effizient zu nutzen, die anderen weitgehend verschlossen bleiben.

Rohrweihenweibchen bei seinen Nestlingen am Horst. Auf umgeknickten Schilfhalmen steht die Nestplattform, mitunter über offenem Wasser. Kein anderer heimischer Greifvogel hat sich auf die Brut im dichten Schilfröhricht spezialisiert.

Angelegte Ansitzwarten und Fütterungsstellen sind in Notzeiten sehr begehrt: Zwei Mäusebussarde drohen sich an.

Greifvögel im Aufwind

Aus der Geschichte sollte man lernen, heißt es. Jedenfalls bietet die Geschichte der Greifvögel in den letzten 150 Jahren ein erschütterndes Bild der Rücksichtslosigkeit gegenüber herrlichen Geschöpfen und damit auch genug Lehren für einen vernünftigen Umgang mit der Natur, vorausgesetzt man verschweigt oder beschönigt nichts. Ein paar deutliche Worte müssen deshalb am Beginn eines vielleicht doch nicht ganz so traurig endenden Kapitels über Greifvögel in unserer Welt gesagt werden.

Ein trübes Kapitel: Ignoranz und Rücksichtslosigkeit

Greifvögel wurden schon immer gejagt und verfolgt, da man ihnen als Räuber unkritisch allerlei Schäden zuschob und die großen unter ihnen auch als gefährlich ansah. Bartgeier oder Adler, die kleine Kinder wegtragen, waren noch Mitte des 19. Jahrhunderts beliebte Motive in dramatischen Darstellungen der Illustratoren von Hauspostillen und Familienzeitschriften. Mit der Verbesserung der Feuerwaffen parallel zur immer stärkeren Veränderung der Lebensräume wurde der Verfolgungsdruck schon um die Jahrhundertwende so groß, daß die Bestände vor allem der von Natur aus seltenen Arten drastisch abnahmen und gebietsweise ausstarben. Es gibt nur wenige europäische Tiergruppen, die so sehr unter der direkten Verfolgung durch den Menschen zu leiden hatten, wie die Greifvögel und Eulen. Nachweise

Als Hühner- und Taubenschreck wurde der Habicht von jeher rücksichtslos verfolgt. Auch heute machen Unverbesserliche immer wieder gegen ihn Stimmung, obwohl er in manchen Gebieten sehr selten geworden ist.

von Geiern und Adlern sind in die vogelkundliche Literatur bis in die ersten Jahre des 20. Jahrhunderts fast nur als Erlegungsdaten eingegangen.

*E*rst in den letzten Jahrzehnten fand durch den Schutz aller oder mindestens der meisten Greifvogelarten in vielen Ländern Europas das sinnlose Hinschlachten – anders kann man die Geschichte der Greifvögel kaum interpretieren – ein allgemeines Ende. Allerdings sind die ewig Gestrigen noch lange nicht ausgestorben. Der Skandal um jahrelange behördliche Genehmigungen zum Habichtsfang und fehlende Kontrolle durch verantwortliche Behörden in Baden-Württemberg, die steten Ausnahmegenehmigungen zum Abschuß von Mäusebussarden in vielen Bundesländern oder die Hetze von Taubenzüchtern und Niederwildjägern gegen angeblich überhandnehmende Sperber und Habichte sind nur wenige Beispiele dafür, daß ein längst überholtes Räuber-Beute-Denken in den Gehirnen vieler Zeitgenossen immer noch fröhliche Urständ feiert – am Ende des 20. Jahr-

Der Rotmilan zählt zu den wenigen Vögeln, für die Mitteleuropa eines der wichtigsten Bestandszentren der Erde ist. Seine Erhaltung bei uns ist daher von internationaler Bedeutung.

hunderts, das voll auf Innovationen und neue Wege des Denkens setzt! Als aber die Verfolgungswelle gegen alles, was kräftige Krallen und krummen Schnabel hat, langsam vernünftiger Einsicht Platz zu machen begann, drohte vielen Greifvögeln eine neue Gefahr: Der hemmungslose Einsatz von gefährlichen Pestiziden, insbesondere DDT und seinen Derivaten, führte zu einem drastischen Rückgang des Nachwuchses mancher Arten, z. B. bei Sperber, Fischadler, Seeadler oder Wanderfalke.

Die Gifte gelangten über die Beutetiere, die diese von Pflanzen aufgenommen hatten, in die Körper der am Ende einer Nahrungskette stehenden Greifvögel und sammelten sich dort an. Ihre Wirkung äußerte sich in einer Verdünnung der Eischalen, so daß die Eier in den Nestern zerbrachen, sowie in Unfruchtbarkeit oder abnormem Verhalten der Brutvögel. Greifvögel haben mit dazu beigetragen, uns auf die große Gefahr von Umweltgiften rechtzeitig aufmerksam zu machen, und zwar nicht nur auf gefährliche und langlebige chlor-organische Verbindungen, sondern z. B. auch auf Schwermetalle, die z. T. absichtlich in die Stoffkreisläufe eingebracht wurden. Die Gefahr wurde erkannt und durch Verbote und andere Maßnahmen zu bannen oder mindestens zu verringern versucht.

*H*eute drohen Greifvögeln in Europa im wesentlichen drei konkrete Gefahren. Die schlimmste ist die Zerstörung von und die Beunruhigung in den Lebensräumen. Manche Greifvogelarten könnten mit den Bedingungen in vielen Teilen der mitteleuropäischen Kulturlandschaft durchaus zurechtkommen, wie die Erholung der Bestände selbst äußerst bedrohter Arten zeigt, denen das Gesetz den Verfolgungsdruck genommen hat. Doch finden sie keine Nistplätze mehr, an denen wenigstens für die Zeit des Brutgeschäfts einigermaßen Ruhe herrscht. Kletterer an Wanderfalkenfelsen zeigen sich – z. T. mit prominenter politischer Unterstützung – ebenso uneinsichtig wie viele Freizeitbürger in Naturschutzgebieten, die leider auch meist nicht annähernd sinnvoll betreut und überwacht werden. Längst ist es bei uns auch üblich, bereits gut ein Jahr vor einer Wahl keine neuen Naturschutzgebiete mehr auszuweisen, um potentielle Wähler nicht zu verprellen. Ein schamhaft verschwiegenes Armutszeugnis keineswegs nur für ehrgeizige Politiker!
Greifvögel haben erfreulicherweise eine immer stärker wachsende Fan-

gemeinde. Doch mit ihr lassen sich auch Geschäfte machen. Am harmlosesten sind noch rücksichtslose Fotografen und Filmer, denen erfreulicherweise jetzt der Wind ins Gesicht bläßt. Aber immer noch – oder manchmal schon wieder – blüht der illegale Handel mit Eiern, Jungen, lebenden oder toten Greifvögeln – je seltener desto besser, denn Raritäten bringen hohen Gewinn. Geldschwere Falkenbesitzer in fernen Ländern suchen Nachwuchs an seltenen Beizvögeln, wie Wander-, Würg- und Gerfalken. Schautierhaltung mit Greifvögeln wird – oft unter

Baumfalken sind dankbar für künstliche Horstunterlagen, da sie selbst keine Nester bauen und oft nicht genügend leere und stabile verlassene Krähen- oder Greifvogelnester für ihre Brut finden.

Turmfalkenweibchen beim erfolgreichen Zugriff: Die Jagd im Winter fordert oft langes Warten.

*Rufender Seeadler:
Europa spielt für die
Erhaltung der Welt-
bestände eine wichtige
Rolle.*

dem Deckmantel des Artenschutzes – nicht selten sogar öffentlich gefördert, weil man romantische Burgen als »Falkenhöfe« kostengünstig der Nachwelt erhalten will – Denkmalpflege auf dem Rücken von Adlern, Geiern und Falken. Ja selbst als Leichen sind Greifvögel begehrt und bringen ihren Preis. Kühltruhen voller »Trophäen« haben erst unlängst wieder für Schlagzeilen gesorgt.

Und schließlich ist, wie schon angedeutet, aus ganz unterschiedlichen Gründen der Abschuß von Greifvögeln in vielen Ländern immer noch populär, auch im Geltungsbereich der EU-Vogelschutzrichtlinie.

Der Wanderfalke ist gerettet

Die Geschichte des Wanderfalken, in Deutschland wie auch weltweit in seinem großen Verbreitungsgebiet vor wenigen Jahren noch unmittelbar am Rand des Aussterbens, liefert Stoff für ein vorläufiges hoffnungsvolles Ende. In unserem Land haben Bürger, zusammengeschlossen in einer Arbeitsgemeinschaft Wanderfalkenschutz, schon vor Jahrzehnten damit begonnen, die kümmerlichen Restbestände des eleganten Jägers in Südwestdeutschland systematisch vor dem endgültigen Aus zu bewah-

*Der schneidige
Wanderfalke stand kurz
vor dem Aussterben.
Nur jahrzehntelanger
Einsatz zum Schutz der
letzten Restbestände
hat erreicht, daß der
schnellste aller Greif-
vögel wieder etwas Auf-
wind unter die Flügel
bekam.*

Mit Erfolg hat man selbst in Großstädten und Industriegebieten Turmfalken in sinnvoll konstruierten Nistkästen gute Brutmöglichkeiten anbieten können. Hier bringt das Männchen eine Feldmaus seinem Weibchen und den schon herangewachsenen Jungen.

Winterfütterung für Greifvögel kann harte Zeiten überbrücken helfen: Ein Mäusebussard an einem ausgelegten Fleischbrocken.

ren. 1985 wird im Atlas der Brutvögel für Deutschland ein nationaler Gesamtbestand von rund 350 Brutpaaren geschätzt. Nicht viel, doch immerhin eine Zahl, von der man noch 25 Jahre vorher nicht zu träumen wagte. »Durch ein vorbildliches Artenschutzprogramm der AG Wanderfalkenschutz ist er heute viel weiter verbreitet als es die Karte zeigen darf«, heißt es im Begleittext zur Verbreitungskarte. Ein stolzer Erfolg, der aber, wie der ängstliche Nachsatz zeigt, immer noch auf schwachen Füßen steht. Noch im Jahr 1993 wurden von den nimmermüden Mitgliedern der Arbeitsgemeinschaft mindestens zwei Aushorstungen regi-

striert und im Jahr zuvor ein Vergiftungsversuch durch einen Taubenzüchter!

$\mathcal{P}$estizide, Aushorstung für falknerische Zwecke und durch fanatische Taubenzüchter, Störungen durch Kletterer und Touristen, Verfolgung, Verdrängungen in ungünstige, Wind und Wetter ausgesetzte Brutplätze mit geringen Nachwuchschancen und schließlich auch tierische Nesträuber und Parasiten waren einige der Faktoren, die den kümmerlichen Restbeständen des Wanderfalken bei uns offensichtlich keine Chance mehr ließen. Bewachung und Kontrolle rund um die Uhr war zunächst die Antwort der Wanderfalkenschützer. Damit konnten nicht nur Gefahren durch vorsätzliche Eingriffe oder unabsichtliche Störungen verringert, sondern auch viele Erkenntnisse über die speziellen Gefahren einer zusammenbrechenden Greifvogelpopulation gewonnen werden. Mit energischem Einsatz, aber auch wissenschaftlicher Akribie wurden nach und nach Gefahrenquellen ausgeschaltet und Hilfsmaßnahmen eingeleitet.

Jahrzehntelange Bewachung zeigte schließlich Erfolge: Die Nachwuchsrate der wenigen verbliebenen Paare stieg wieder. Die Vermehrung des Bestandes und die Wiederbesiedlung verwaister Brutplätze schlossen sich allmählich an. Wenn der Mensch sie in Ruhe läßt, können Wanderfalken auch längst wieder mit natürlichen Faktoren, wie ungünstiger Witterung, tierischen Nesträubern (z. B. Marder) und anderen Widrigkeiten fertig werden. Sie sind jetzt keine Hätschelkinder des Naturschutzes mehr, bedürfen aber immer noch der systematischen Kontrolle und Überwachung. Viele junge Leute verbrachten und verbringen Wochen hinter Fernrohren, die auf Wanderfalkenhorste gerichtet sind – Einsatz für den Artenschutz, der sich nicht nur in Worten erschöpft.

Auch andere kleine Erfolge beginnen sich abzuzeichnen. Die bodenbrütenden Weihen profitieren von geschützten Brutgebieten oder von rasch eingeleiteten Schutzmaßnahmen im Einvernehmen mit bodenbe-sitzenden Landwirten, wenn sich da und dort einmal ein Paar angesiedelt hat. Mit künstlichen Nisthilfen, in denen sogar mehr Junge heranwachsen als in Krähen- und Elsternnestern, sind dem Turmfalken erfreuliche Überlebensmöglichkeiten selbst in Industrie- und Ballungsräumen geschaffen worden. Auch dem seltenen Baumfalken kann man mit sinnvoll angebrachten Kunsthorsten helfen. Wenn in harten Wintern die Nahrungsbasis für manche Greifvögel knapp wird, weil unsere Bodenbewirtschaftung auch vielen Beutetieren schlechtere Lebensbedingungen verschafft, lassen sich Greifvögel auch durch sinnvolle Fütterung über knappe Zeiten helfen.

Solche gezielten Ansätze des modernen Artenschutzes aber werden sinnlos, wenn für die Erhaltung der Lebensräume nichts getan wird. Mit der deutschen Einheit sind uns neben vielen anderen Greifvögeln überlebensfähige Bestände von See-, Fisch- und Schreiadlern anvertraut worden. Die Entwicklung droht jetzt über sie hinwegzurollen. Und so werden sie zu einem Symbol für den Sieg der Vernunft und des Engagements für einen verantwortlichen Umgang mit unserer Umwelt zum Wohl künftiger Generationen.

Die Erhaltung von Lebensräumen danken auch Greifvögel: Eine Rohrweihe kann selbst in einem kleinen, schilfbestandenen Wiesentümpel auskommen, wenn man sie in Ruhe läßt.

Register

Turmfalkenweibchen auf seinem Ansitz.

Die Deutsche Bibliothek –
CIP-Einheitsaufnahme

Greifvögel / Einhard Bezzel. –
Wien; München; Zürich: BLV, 1994
    ISBN 3-405-14594-5
NE: Bezzel, Einhard

BLV Verlagsgesellschaft mbH
München Wien Zürich
80797 München

Bildnachweis

Danegger: 16/17, 18/19, 30, 36o, 64, 76/77
Diedrich: 15, 43, 86/87, 93
Labhardt: 16u, 26, 27, 32/33, 53, 55, 79, 85
Limbrunner: 4/5, 31, 36u, 52, 56/57, 59,
    60/61, 73, 81, 82, 90/91
Nill: 2/3, 6, 10/11, 12o, 12u, 14, 20/21, 29,
    34/35, 37, 38/39, 49, 58, 62/63, 65,
    66/67, 80
Pforr: 72
Quedens: 24/25, 46/47, 47u
Reinhard: 50/51
Synatzschke: 13o, 70/71, 84
Thielscher: 8/9, 13u, 48, 68/69, 78
Zeininger: 22/23, 40/41, 44, 45, 75, 83, 89

Fotos auf dem Umschlag:
Vorderseite: Danegger (Mäusebussard)
Rückseite: Danegger (Turmfalkenweibchen),
    Labhardt (Schwarzmilanpärchen),
    Nill (Wanderfalke an Rupfung),
    Synatzschke (Porträt Habichtweibchen)

Foto S. 90/91: Kornweihe
Foto S. 93: Mäusebussard

Gedruckt auf chlorfrei gebleichtem Papier

Umschlaggestaltung: Studio Schübel,
München

Lektorat: Dr. Friedrich Kögel
Layout: Anton Walter
Herstellung: Ernst Großkopf
Gesamtherstellung: Neue Stalling, Oldenburg

Printed in Germany · ISBN 3-405-14594-5

Vögel bestimmen und beobachten

Robert Burton
Unsere gefiederten Nachbarn
Vögel in Gärten und Parks. Mit praktischen Tips für Nisthilfen,
Fütterung, Vogeltränken
Einzigartiger Ratgeber mit über 500 brillanten Farbfotos: heimische
Vögel in Gärten und Parks erkennen, beobachten und schützen.

Einhard Bezzel
Vögel
Sonderteil: Seltene Arten, Jungvögel, Nester und Eier
Schnellbestimm-System für 150 heimische Arten; Gliederung nach
Körpergröße, Körperstrukturen, Gefiederkontrasten; Farbfotos
und alle wichtigen Kennzeichen.

Michael Lohmann
Vögel
mit Faltplan
Heimische Vogelarten: Männchen, Weibchen, Jungvögel, Nester,
Eier; Merkmale, Vorkommen, Verbreitung, Lebensraum, Brut,
Zugverhalten, Nahrung. Mit Faltplan: die Arten auf einen Blick,
geordnet nach Ähnlichkeit, mit Eiern und Jungvögeln.

Walther Thiede
Vögel
Die heimischen Arten erkennen und bestimmen
Merkmale, Vorkommen, Nahrung, Fortpflanzung und Besonderheiten;
ergänzende Informationen z.B. über Jungvögel,
Weibchen, verwandten Arten und vieles mehr.

Einhard Bezzel
Vögel beobachten
Praktische Tips, Vogelschutz, Nisthilfen, Fotografie
Grundregeln für Vogelfreunde, Ausrüstungstips, Bestimmungshilfen,
Vogelstimmen, Nisthilfen und Winterfütterung, Brutbiologie, Spuren-
kunde, Ökologie und Vogelschutz, Anleitungen zum Fotografieren.

James Ferguson-Lees/
Ian Willis
Vögel Mitteleuropas
540 Brutvogelarten,
Durchzügler, Wintergäste
Erstklassige Farbillustra-
tionen; alle Gefieder-
unterschiede innerhalb
einer Art in bis zu
14 Einzeldarstellungen;
Flugbilder und /oder
Darstellung des sitzenden
Vogels; Gefiedermerk-
male, Stimme, Nest,
Nahrung, Vorkommen.

Im BLV Verlag Garten und Zimmerpflanzen • Natur • Heimtiere •
finden Sie Bücher Jagd • Angeln • Pferde und Reiten • Sport und Fitneß •
zu folgenden Tauchen • Reise • Wandern, Bergsteigen, Alpinismus •
Themen: Essen und Trinken • Gesundheit, Wohlbefinden, Medizin

*Wenn Sie ausführliche Informationen wünschen,
schreiben Sie bitte an:*

 **BLV Verlagsgesellschaft mbH**
Postfach 40 03 20 • 80703 München
Telefon 089 / 127 05-0 • Telefax 089 / 127 05-543